FRANÇOIS VILLEROY DE GALHAU

Retrouver confiance en l'économie

Odile Jacob

15, rue Soufflot, 75005 Paris

www.odilejacob.fr

ISBN 978-2-7381-5383-8

Introduction

Voilà plus de cinq ans, en novembre 2015, que j'ai pris mes fonctions de gouverneur de la Banque de France. Certains parmi mes amis m'avaient annoncé des jours tranquilles. Ils se sont trompés. Quinze jours plus tard, c'était le choc des attentats du Bataclan ; et depuis je n'ai cessé, comme tous les Français, de connaître – et de devoir gérer – des ébranlements. D'abord dans un monde chaotique : le Brexit puis l'élection de Donald Trump en 2016 avant son éjection de novembre 2020 et la tentative d'obstruction du Capitole en janvier ; le retour du protectionnisme et l'escalade des tensions entre l'Amérique et la Chine, mais aussi l'Iran ou la Turquie ; la conscience vive de la menace climatique ; et depuis un an cette pandémie Covid improbable et grave qui a arrêté l'économie mondiale et pèse encore tant sur nos sociétés. Mais aussi au sein de notre Europe : des gouvernements parfois introuvables en Italie, en Espagne et même en Allemagne ; et dans notre pays, après une élection présidentielle et des réformes qui ont étonné le monde, la crise des gilets jaunes ou la bataille des retraites. Faire l'analyse politique de ces enchaînements n'est pas mon sujet. Mais relever qu'ils ont généré beaucoup d'angoisses, et prévoir que d'autres bouleversements vont suivre, sont deux vérités d'évidence.

Face à tous les défis de 2021, je mesure le paradoxe de ce titre sur la confiance en économie, et je viserai de le justifier en toute lucidité et réalisme. Dans la durée pourtant, à la responsabilité qui est la mienne, j'ai vécu deux constantes, dont chacune m'a à sa façon donné envie d'écrire ce livre. La première tient à l'incompréhension, ou au mystère, qui entoure souvent l'institution que j'ai l'honneur de diriger. Dire « Banque de France » devant nos concitoyens, c'est toujours éveiller un intérêt, mais souvent appeler des images un peu datées : l'or – ses 2 430 tonnes sont toujours sous bonne garde dans nos caves, mais ne jouent plus aucun rôle économique ; les belles succursales en province – en moindre nombre, elles sont aujourd'hui un réseau moderne ancré dans l'économie et la société ; Bonaparte le fondateur – nous sommes fiers de nos deux cent vingt ans d'histoire, mais en rien soumis à la nostalgie d'une vieille dame.

Ajoutez « gouverneur », ce terme vaguement romain ou militaire, et le halo de mystère s'épaissit. J'ai été pendant le premier confinement arrêté par un policier alors que je rentrais de mon bureau : je montre mon attestation de déplacement réglementaire et, en lisant ma fonction, le représentant de l'ordre public n'a pu s'empêcher de s'exclamer : « "Gouverneur"… c'est un beau titre. » J'ai envie d'expliquer que c'est surtout un beau métier : celui d'accompagner l'action des 10 000 hommes et femmes qui sont engagés sur trois fronts au service des Français. La monnaie d'abord : on nous demande parfois pourquoi il y a toujours une Banque de France depuis l'euro. C'est parce que celui-ci est heureusement fondé sur un système fédéral : une petite minorité d'équipes à la Banque centrale européenne (BCE) à Francfort fonctionne en réseau efficace avec les banques centrales nationales plus proches du terrain, avec des économistes, des opérateurs de marché… ou des producteurs de billets de banque.

Le deuxième front, c'est la supervision de la finance, et en particulier des banques et des assurances : dire finance après avoir dit monnaie, c'est nourrir l'image de fonctions très techniques, et incontestablement nos métiers le sont. Mais technique ne veut pas dire inaccessible : à nous de l'expliquer, aussi simplement que possible. L'utilité au quotidien du troisième front, celui des services à l'économie et la société, est plus facilement perceptible : c'est accompagner plus de 100 000 familles pour sortir du surendettement chaque année, ou coter 270 000 entreprises, et aider des milliers d'entre elles à travers la médiation du crédit bancaire, particulièrement dans la crise Covid.

⁂

Plus encore, le désir d'écrire ce livre est né de l'autre constante, qui prête moins à sourire : c'est dans notre pays la montée continue du doute, de la défiance. Les Français n'en ont aucun monopole : c'est une maladie de plus en plus répandue et contagieuse, avant même la pandémie qui l'a bien sûr amplifiée. Défiance ancienne contre les élites et les institutions, et j'ai conscience ici de les incarner lourdement. Défiance plus récente contre l'« expertise », du sanitaire jusqu'au champ économique qui est le nôtre. Défiance qui – c'est nouveau – a gagné les relations internationales avec les surenchères de Donald Trump et de ses pairs et la crise du multilatéralisme, puis semble s'attaquer à la démocratie elle-même. Défiance entre nord et sud de l'Europe. Tout cela, sauf à être aveugle, je le vois, je le ressens souvent douloureusement. Et pourtant je ne m'y résigne pas.

D'abord parce que les Français ont été, dans cette crise Covid si dure, bien meilleurs qu'on ne l'a dit, et qu'ils ne le croient eux-mêmes : formidables globalement de discipline collective et de capacité d'adaptation, pour les soignants, dans les entreprises, dans leur agenda personnel. Et ensuite, je ne me résigne pas parce que ces doutes – c'est plus mon objet ici – s'accompagnent d'un immense besoin de pédagogie. Le métier d'un banquier central est aussi de parler ; traditionnellement par des discours un peu codés sur la politique monétaire, ou des discussions avec des économistes-chercheurs dans des colloques, souvent plus modestes et ouverts qu'on ne le croit… le tout dans un anglais très imparfait mais qui permet de vrais échanges à travers les frontières. Mais de plus en plus parler également *via* de nouveaux médias, plus « grand public » : j'ai depuis cinq ans donné des dizaines d'interviews à la presse régionale, et j'ai depuis la crise Covid été plus souvent invité dans des matinales de radio ou télévision.

On a bien voulu m'y laisser parler, m'y écouter… peut-être même m'y croire : sans doute parce que j'ai la chance de ne pas être un « politique » – fût-ce très injuste pour ceux-ci – et d'incarner l'indépendance qui est celle de la banque centrale. Mais aussi parce que ces temps de crise, voire de réseaux sociaux parfois hystériques, suscitent tout autant un besoin d'explication calme, de faits clairs, de problèmes partagés et de solutions suggérées. Une autre preuve en est le succès de Citeco, notre musée de l'Économie ouvert en 2019 à Paris dans un étonnant hôtel néo-Renaissance : on nous y prédisait l'échec et l'ennui, nous y espérons plus de 100 000 visiteurs en année normale. Notre rôle n'est pas de donner du prêt-à-penser, ni de trancher des choix démocratiques difficiles, de la réforme des retraites aux arbitrages fiscaux. Ces sujets relèvent du débat politique, et clairement pas de décisions de la Banque de France. Mais celle-ci peut aider en fournissant des éclairages nourris des comparaisons internationales, de la théorie économique ou de l'expérience empirique. Je peux juste témoigner qu'il reste là un espace, et une attente.

Une attente de confiance : je crois qu'elle demeure extrêmement forte derrière ces bouleversements du monde qui nous inquiètent, derrière ces polémiques franco-françaises qui nous déchirent. L'une chasse l'autre, jour après jour ; leur succession épuise l'opinion… mais aucune ne vient combler la soif de repères plus durables. Chacune vient au contraire la creuser. Or la confiance est, plus encore que la technique, la base même de notre métier : pour les billets que nous émettons, on parle de « monnaie fiduciaire », du latin *fiducia*, « confiance » ; et il n'est pas de crédit sans confiance. Les deux mots peuvent même être synonymes, au sens d'accorder du crédit à une parole, ou à une personne.

Au nom de ce crédit qu'on nous accorde, ou qu'au moins on espère de nous, j'ai donc voulu remettre ici en perspective les six piliers de la confiance, dans l'ordre économique et financier. En miroir de l'ouvrage remarquable d'Alain Peyrefitte[1] il y a vingt-cinq ans, Yann Algan et Pierre Cahuc ont posé le débat global dans leur fameux essai sur la « société de défiance[2] ». Mon objectif est ici plus ciblé : dire pourquoi nous devons et comment nous pourrions retrouver confiance en l'économie. Sans « absolutiser » celle-ci, vue comme un monstre un peu froid alors qu'elle doit être au service des hommes. Mais

1. A. Peyrefitte, *La Société de confiance*, Odile Jacob, 1995.
2. Y. Algan et P. Cahuc, *La Société de défiance. Comment le modèle français s'autodétruit*, Cepremap, 2008.

justement pour mieux nous en servir, en faveur de notre bien-être, de nos projets, et de l'inclusion sociale et même environnementale. Et construire ainsi une économie « du bien commun », pour reprendre le beau titre de Jean Tirole[1] qui retrouve un terme cher aussi bien à Aristote qu'à Thomas d'Aquin.

⁂

Le premier pilier, bien sûr, c'est de surmonter la crise Covid, la plus nouvelle de notre histoire contemporaine. Imprévisible et imprévue, mondiale, brutale, c'est la première crise économique née non des dysfonctionnements de l'économie ou de la finance, mais de la volonté de sauver des vies. Pour autant, ses conséquences économiques et sociales nous marqueront longtemps. Mais si nous les gérons bien, alors cette rude crise pourrait aussi être la chance d'une économie plus durable et plus innovante.

Le deuxième pilier, c'est la confiance dans la monnaie. Une bonne monnaie, c'est un actif populaire : l'euro est soutenu par 72 % des Français. Mais la politique monétaire, qui en est pourtant la condition, est vue comme un concept abscons, voire repoussoir. Le baron Louis, ce Lorrain opposé aux ultras sous la Restauration, est resté fameux par son adage : « Faites-moi de bonnes politiques, et je vous ferai de bonnes

1. J. Tirole, *Économie du bien commun*, PUF, 2016.

finances. » J'essaierai, sans être ennuyeux, de montrer comment de bonnes politiques monétaires font une bonne monnaie.

Ensuite, un système financier solide : les débordements de la finance avaient provoqué la crise précédente en 2008-2009 ; ils ont heureusement suscité un renforcement des réglementations et du souci de stabilité financière. Le défi de la nouvelle décennie sera au moins autant l'accélération des innovations. La numérisation change tout : depuis longtemps, nous n'allons plus guère dans les agences bancaires. Mais demain la révolution portera sur les acteurs eux-mêmes – les Fintechs, mais surtout les Bigtechs, de Facebook à Tencent, tentées de devenir « Bigfins » –, sur les paiements – dont l'érosion accélérée des espèces –, voire sur la monnaie que certains voudraient privatiser. Réconcilier stabilité financière et innovations de rupture semble être un oxymore, mais c'est notre mission.

Le quatrième pilier de la confiance reste l'Europe. Encore l'Europe, malgré ses déceptions ? Oui, parce que dans les affrontements du monde de 2021, c'est illusion de prétendre que la France s'en sortirait mieux seule, et tous nos grands défis sont communs. Mais oui si, au-delà d'une communauté réduite aux acquêts, nous avons bien l'ambition, l'audace, d'affirmer sur la scène globale une souveraineté européenne. La zone euro peut en être la matrice, forte déjà de son succès historique – avoir à 19 créé une monnaie souveraine –, mais décidée à dépasser ses limites réelles : une gouvernance incomplète, une Union économique trop faible, un rôle international de l'euro sous-développé.

Il faut alors en revenir à la France. Nous sommes toujours ressentis comme un peu arrogants par les autres pays, mais nous avons singulièrement perdu confiance en nous-mêmes : nous nous voyons comme une nation divisée, bloquée, bref irréformable. Et pourtant nous avons su créer 1 million d'emplois supplémentaires de 2016 à 2019, et lancer enfin les réformes clés de la formation professionnelle et de l'apprentissage. Et même sur nos dépenses publiques, les plus lourdes d'Europe, le progrès est possible : quitte à surprendre, je veux dire à partir de la transformation en cours de la Banque de France elle-même comment service public peut rimer avec performance et innovation.

Le dernier pilier de la confiance, et non le moindre, c'est de savoir réinventer notre modèle. À travers toutes les crises successives, un nouveau monde naît progressivement dans la douleur. Je crois à l'économie, à la compétitivité, aux chiffres qui la mesurent. Ils sont nécessaires, mais jamais suffisants : la génération montante nous rappelle aujourd'hui vigoureusement ses fortes attentes de transition écologique, de justice sociale, d'éthique. Cette contestation est parfois dérangeante mais au fond très réjouissante : à nous de montrer que la croissance reste – plutôt que la triste décroissance – la meilleure façon d'y répondre, si et seulement si nous savons la rendre plus verte, plus équitable, plus responsable. L'économie sociale de marché, ce n'est pas un vestige rouillé du musée de la vieille Europe, comme on veut nous le faire croire depuis la révolution anglo-saxonne des années 1980. Ce doit être la fondation d'un nouveau modèle européen, réinventé et élargi ; l'après-Covid peut être le temps de ce changement de paradigme. Alors nous, Européens, arrêterons de raser les murs, pour aller porter un espoir sur les places du monde.

⁂

Ces pages sont nourries d'interventions que j'ai pu faire, de documents que nous avons publiés. Toutes sont remises dans le contexte du présent livre et actualisées. Elles visent à combiner crédibilité et lisibilité, contenu technique et clarté : je souhaite avoir surmonté ce beau défi qui est souvent le nôtre. Tocqueville notait déjà en 1835 qu'« une idée fausse, mais claire et précise, aura toujours plus de puissance dans le monde qu'une idée vraie et complexe[1] ». Ce livre est aussi un hommage aux réflexions et à l'action de la communauté de travail qu'est la Banque de France : le professionnalisme et la fiabilité de ses experts sont un trésor, parfois discret. J'en bénéficie tous les jours ; j'espère que le lecteur, dans une forme accessible, y trouvera le même intérêt que moi.

---

1. A. de Tocqueville, *De la démocratie en Amérique*, tome I.

CHAPITRE 1

Surmonter la crise Covid[1]

Il faut malheureusement commencer ce livre sur la confiance par une crise qui en est l'exacte antithèse. Une crise de plus, après celle de 2009-2012 qui avait ébranlé la finance et l'économie mondiale, puis secoué rudement la zone euro. Une crise de trop, sans doute, et une crise qui n'en finit pas pour des citoyens déjà sceptiques et fatigués. Mais une crise différente, la plus nouvelle de notre histoire contemporaine : imprévisible et imprévue, mondiale, brutale, c'est la première crise économique née non des dysfonctionnements du marché ou de la finance, mais de la volonté de sauver des vies. Pour autant, ses conséquences économiques et sociales nous marqueront plus longtemps que les séquelles sanitaires. Mais si nous les gérons bien, cette rude crise pourrait aussi être la chance d'une économie plus durable et plus innovante.

1. Ce chapitre est nourri notamment de la « Lettre au Président de la République » publiée par la Banque de France en juillet 2020, de nos prévisions économiques publiées en décembre et de diverses interventions dans *Le Figaro*, *Paris-Match* et *Le Monde*.

Aucun d'entre nous, moi inclus, n'oubliera ces jours de basculement accéléré en télétravail les 16 et 17 mars 2020 alors que la panique financière menaçait, ni ces semaines de premier confinement, ni la rechute depuis l'automne. La crise est aujourd'hui au cœur des préoccupations de tous les dirigeants économiques et politiques, et naturellement de la Banque de France. Avant d'aborder la reconstruction nécessaire, je veux revenir plus précisément sur la nature du choc que nous avons subi, dans son caractère inouï, et dresser en conséquence un diagnostic de l'économie française au début 2021. Et ce sans prétendre à des conclusions définitives, tant les incertitudes demeurent et l'adaptabilité s'impose.

En 2020, des réponses fortes face à un choc d'une brutalité sans précédent

Un choc imprévisible et multidimensionnel

Pour l'économie française, ce qui était initialement un choc externe en provenance de Chine est devenu en quelques semaines un choc domestique massif qui a paralysé des pans entiers de notre économie pendant presque deux mois. Ce qui était un choc d'offre est devenu également un choc de demande. Et ce qui était temporaire aura aussi des effets persistants.

Au total, les deux mois du premier confinement strict ont « coûté » à l'économie française environ 6 points de PIB annuel. À l'inverse, après le 11 mai et le déconfinement, la reprise de l'activité a été spectaculaire, plus même que nous l'avions prévue.

La Banque de France mène une enquête mensuelle de conjoncture, en interrogeant sur le terrain 8 500 entreprises de toutes tailles et de tous secteurs. Cette enquête s'est avérée depuis mars 2020 être une des vigies les plus éclairantes dans le « brouillard économique » que nous traversons. Elle montre, mois après mois, les chutes et les remontées de l'activité, selon un graphique que nous avons appelé des « marches d'escalier ».

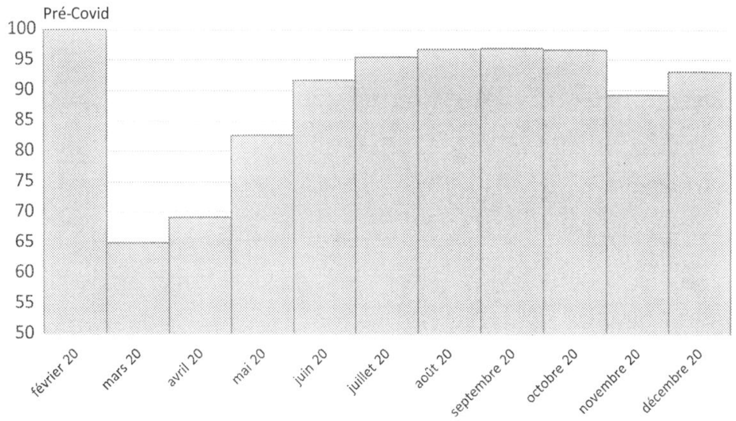

Graphique 1. Niveau d'activité (en % du niveau normal)

Après une descente violente (autour de – 35 % d'activité à fin mars, – 31 % en avril), l'économie française avait remonté vite 28 marches pour se situer à un palier de « seulement » – 3 % en août-septembre 2020. Le deuxième confinement de l'automne a naturellement entraîné une redescente, à – 11 % en novembre et – 7 % en décembre, après la réouverture des commerces : cette perte reste lourde, mais quatre fois moins que lors du premier confinement. Les services à la personne, et en premier lieu l'hébergement et la restauration, demeurent fortement frappés ; tandis que l'industrie (hors aéronautique) et la construction – grâce aux protocoles sanitaires –, les services aux entreprises et les services publics – *via* le télétravail – ont appris à travailler tout en protégeant leurs salariés.

Sur l'ensemble de l'année 2020, la récession a ainsi été de – 9 %, sans précédent depuis 1945. Les années 2021 et 2022 devraient marquer un rebond sensible, mais les prévisions que nous avons publiées en décembre sont naturellement entourées d'une grande incertitude sur la situation sanitaire, qui appelle beaucoup de modestie. Dans notre scénario central, le premier semestre 2021 resterait soumis à restrictions partielles, et le plein effet des vaccins monterait progressivement d'ici la fin de cette année : l'économie française reviendrait ainsi à – 3 % d'activité à fin 2021 (soit le niveau de septembre 2020), et au niveau d'avant-crise – le haut de l'escalier – à mi-2022. La croissance serait alors d'environ + 5 % en 2021 comme en 2022 : chiffres là aussi jamais atteints depuis 1973, cette fois à la hausse, et supérieurs à ce qui est attendu pour la moyenne de la zone euro (4 %) et particulièrement pour l'Allemagne (3 %). L'économie française, davantage touchée par le confinement, rebondit ensuite plus fort : ce que nous avons déjà vécu à l'été 2020 devrait se reproduire dans les deux années qui viennent.

Compte tenu des fortes incertitudes, à commencer par la situation sanitaire, nous avons exceptionnellement envisagé aussi deux scénarios alternatifs : un scénario favorable où une meilleure confiance des ménages les pousserait à consommer leur épargne avec alors un retour à l'« avant-crise » début 2022 ; la croissance 2021 atteindrait alors + 7 %. À l'inverse, dans un scénario nettement plus sévère, les restrictions demeureraient significatives tout au long de cette année, et la croissance serait faible.

Le choc économique créé par la crise Covid est singulier dans l'histoire économique de notre pays : il s'agit à la fois d'une crise profonde et très brutale. Alors que le PIB a reculé d'environ 9 % en 2020, il n'avait baissé que de 2,8 % en 2009, suite à la crise financière. Pendant la crise de 1929, il avait baissé de 15 % en cumulé sur trois ans (entre 1929 et 1932). Cette fois, les réponses de politique économique ont été plus rapides et convergentes que lors des précédentes crises.

D'un point de vue strictement économique, la récession causée par la Covid-19 présente des similitudes, mais aussi des différences, avec une situation de guerre. Le choc est évidemment moins grave et moins long, mais, dans les deux cas, la chute de la consommation et de l'investissement privé est brutale et massive tandis que l'épargne augmente significativement. Le déficit budgétaire et la dette publique s'accroissent fortement et la politique monétaire vise à assurer la stabilité financière et le financement de l'économie. Mais il n'y a heureusement pas dans ce choc de destructions matérielles, en particulier sur le capital productif.

Des conséquences en partie limitées pour les ménages

Les ménages ont été jusqu'à présent relativement protégés avec une perte de revenu en moyenne limitée à moins de 10 % du total des pertes en 2020 – dont une forte part pour les entrepreneurs individuels –, ce qui est très en deçà de leur poids dans le revenu disponible national (61 %). Cette situation globale s'accompagne cependant hélas d'inégalités : les ménages les plus fragiles ont subi des pertes de revenus[1] justifiant un soutien

1. *Cf.* V. Albouy et S. Legleye, « Conditions de vie pendant le confinement : des écarts selon le niveau de vie et la catégorie socioprofessionnelle », *Insee Focus*, juin 2020, n° 197.

public spécifique, qui devrait dépasser 1 milliard d'euros en 2020 ; les jeunes souffrent davantage. Après avoir été amortie par le dispositif de chômage partiel, la détérioration du marché du travail serait malheureusement importante : selon nos prévisions, le taux de chômage devrait connaître temporairement un pic proche de 11 % au premier semestre 2021, avant de diminuer ensuite sous les 10 % d'ici à fin 2022. Le pouvoir d'achat est resté en moyenne préservé malgré tout en 2020, du fait des indemnisations et de la très faible inflation (+ 0,5 % seulement). La France a été en 2020, selon l'OCDE, le pays où l'évolution du revenu des ménages a été la plus favorable relativement à l'ampleur du choc sur l'économie. D'ici 2022, le pouvoir d'achat pourrait croître à nouveau, soit + 5 % par habitant au total sur cinq ans, depuis 2017. Globalement, la consommation des ménages aura reculé nettement plus que leur revenu pendant le confinement, conduisant à un surcroît d'épargne ou « épargne forcée » significative de 110 à 120 milliards d'euros en 2020, soit une « réserve » près de 5 % du PIB.

L'amortisseur public a donc joué massivement et positivement son rôle pendant la crise : en 2020, les administrations publiques ont supporté plus de 60 % du coût du choc. Le prix de cet amortisseur public est une dette publique qui a augmenté de près de 20 points de PIB, pour se situer à un niveau supérieur à 115 % fin 2020 ; je reviendrai sur la question du désendettement futur, qui préoccupe légitimement les Français.

La comparaison de la taille globale des programmes entre pays européens reste délicate, et finalement assez proche, entre effets d'annonce et mesures non budgétaires (comme les garanties ou les simples reports de charges). L'Allemagne a initialement affiché une mobilisation plus forte de ses marges de manœuvre financières, qu'elle avait su reconstituer depuis la crise de 2009. Mais, *ex post*, l'ampleur du soutien budgétaire français, à 4,5 % du PIB en 2020 – soit plus de 100 milliards d'euros –, s'avère supérieure à l'action allemande.

Des effets lourds pour tous les pays européens, mais avec des différences

Le choc sanitaire a frappé de façon différenciée les pays européens ; mais le choc économique a été à ce stade un peu moins divergent, du fait de mesures de restriction finalement fortes partout.

Sur l'ensemble de l'année 2020, la récession serait généralisée en Europe[1] (à – 7 % pour la zone euro) et dans le monde, y compris aux États-Unis (– 3,4 %). Le fait que l'économie américaine résiste nettement mieux, alors même que la crise sanitaire a été notoirement moins bien gérée aux États-Unis, interroge notre dynamisme européen[2]. Au sein de notre continent,

1. Prévisions BCE, décembre 2020.
2. FMI, *Perspectives économiques mondiales*, janvier 2021.

des facteurs d'asymétrie, tels que la spécialisation sectorielle des économies, pourraient accroître cependant les divergences entre les principaux pays de la zone euro : l'Allemagne – avec davantage d'industrie – résiste bien mieux que l'Espagne, exposée à la chute du tourisme. Ces divergences justifient une réponse coordonnée à l'échelle européenne que j'évoquerai plus loin. La vraie divergence concerne malheureusement les pays émergents et en développement : seule la Chine, pourtant foyer initial de la pandémie, aura connu une croissance positive, faiblement. L'Inde (chute de – 8 %), le Mexique et l'Amérique latine, ou l'Afrique du Sud ont souffert de récessions plus fortes que la moyenne des pays avancés. Il y a donc un vrai besoin de solidarité internationale, et de mobilisation de ressources financières autour du Fonds monétaire international (FMI) et de la Banque mondiale.

Dans l'urgence, des réponses fortes et rapides de politique économique

Face à cette crise sans précédent, et totalement imprévisible, des réponses fortes, rapides et convergentes ont été apportées pour endiguer les effets d'un choc économique sévère. Les leçons de 2008 ont été retenues. Rarement le consensus a été aussi fort sur le sens et l'ampleur des mesures à prendre, y compris parmi les économistes. À côté d'une action monétaire vigoureuse que je détaillerai dans le chapitre 2, les pouvoirs publics ont construit, notamment en France, un « pont de financement » pour aider les entreprises de toute taille à traverser ce choc et protéger ainsi leurs salariés.

Cette mobilisation incarnée par Bruno Le Maire a d'abord reposé sur les reports d'échéances sociales et fiscales, le fonds de solidarité pour les indépendants, et surtout les mesures d'activité partielle. La France a su ainsi tirer les leçons du succès de l'Allemagne et de son « Kurzarbeit » en 2009[1]. Notre dispositif – un des plus généreux et coûteux d'Europe – a jusqu'à présent permis d'éviter ce qui s'est produit aux États-Unis, où, au printemps 2020, 22 millions d'emplois ont été détruits en six semaines. S'y sont ajoutés les prêts garantis par l'État (PGE) remboursables sur une durée d'un à six ans et pouvant couvrir jusqu'à un quart du chiffre d'affaires annuel. Ces PGE représentent à ce jour un succès sans équivalent en Europe à deux égards : par leur montant total (130 milliards d'euros), comme par leur « ciblage » sur les très petites entreprises (TPE) et petites et moyennes entreprises (PME) (pour 75 % des montants). Leurs taux d'intérêt sont en outre les plus bas d'Europe. À l'inverse, en Grande-Bretagne et aux États-Unis, les prêts bancaires garantis ont eu plus de difficultés à atteindre efficacement les PME-TPE.

1. Dispositif de « temps réduit indemnisé » par l'assurance-chômage et mis en place pour sauvegarder l'emploi.

Depuis septembre 2020 s'y est ajoutée l'annonce d'un plan de relance de 100 milliards d'euros sur 2021-2022. Il est partagé en trois tiers : la transition écologique, la compétitivité des entreprises, la cohésion et les compétences. Je n'ai pas de gêne, en toute indépendance, à dire qu'il me paraît bien positionné, y compris parce qu'il n'est pas isolé. Ces 100 milliards surtout en soutien à l'offre et aux entreprises viennent après les mesures d'urgence du printemps ayant bénéficié avant tout aux ménages, pour un montant comparable. Ajouter aujourd'hui des mesures générales de revenu et de soutien à la demande n'aurait guère de sens, alors même que les ménages « surépargnent » déjà. L'autre qualité de ce plan de relance est de mettre l'accent sur la transformation indispensable, pour une transition écologique, numérique, et pour la bataille des compétences. Mais cela est à situer plus largement au sein de la stratégie nécessaire de reconstruction.

Le temps de la reconstruction

Après le temps de l'urgence va venir désormais celui de la sortie progressive de crise. Avec une opinion publique et des acteurs économiques inquiets, il demeure beaucoup d'attentes et d'impatiences poussant à toujours plus d'aides de circonstance. Pour le dire autrement, la forte présence – indispensable – de l'État et de la banque centrale pendant la phase d'urgence a pu créer une accoutumance : collectivement, nous attendons trop des seules politiques budgétaire et monétaire. L'État ne pourra pas tout faire, et ne doit pas faire seul. Il peut même exister parfois la tentation des remèdes publics miracles ; or la dette publique ne peut pas être annulée et a donc ses limites.

Il nous faut faire des choix : l'argent public n'est pas illimité, c'est le nôtre et celui de nos enfants. Le fameux – et justifié – « quoi qu'il en coûte » de mars 2020 devra progressivement laisser la place à un « quand cela vaut le coup », plus sélectif. Je l'ai dit un matin crûment à un micro de radio : ce ne pourra plus être *open bar*. De son côté, la banque centrale pourra procurer du temps par sa création monétaire, mais pas augmenter durablement les richesses.

Nous devons plus positivement reconstruire sur deux piliers. Ce sont d'abord les acteurs privés, ménages et entreprises, qui détiennent la clé de la reconstruction, par leur confiance – qui est un levier central même s'il est moins mesurable –, par leur travail, par leur investissement productif. Pour autant, les autorités nationales et européennes peuvent elles aussi venir en appui des acteurs privés si elles pratiquent un jeu coopératif inédit en Europe, et inscrit dans la durée.

C'est à ces conditions, exigeantes, que « la France d'après » pourrait économiquement être plus forte que « la France d'avant » : alors, cette crise aura été aussi la chance d'une transformation dans le sens d'un travail rénové par la formation et les technologies numériques, d'une économie plus innovante et plus durable, de réponses européennes plus affirmées face aux tensions du monde. Nous devons ici être plus « schumpetériens » que l'Europe ne l'est traditionnellement : accepter comme l'économie américaine une part de destruction créatrice, en ayant confiance dans nos capacités de recréation[1].

Il n'y a pas de croissance sans confiance : ce livre le dit assez, et la crise aujourd'hui l'exige. Et il n'y a pas de confiance sans une « réassurance » de la sphère publique, qui peut prendre la forme d'un « triangle de confiance » avec les grands acteurs privés : ménages, entreprises et banques.

Le premier levier de la sortie de crise est la confiance des ménages. À l'image de l'action de Roosevelt qui en 1933 avait su rétablir la confiance des Américains abîmée par une « épidémie » (le mot est de lui) de faillites bancaires, l'enjeu décisif est de relancer la demande des ménages, qui disposent d'une réserve d'épargne substantielle (*cf. supra*). Cette grosse centaine de milliards d'argent privé est aussi importante pour la reprise que les 100 milliards du plan de relance public qui focalisent l'attention.

---

1. *Cf.* P. Aghion, C. Antonin, S. Bunel, *Le Pouvoir de la destruction créatrice*, Odile Jacob, 2020.

La confiance des ménages. Une garantie fiscale et sociale, associée à une mobilisation pour la formation

La confiance des ménages repose d'abord et avant tout sur l'amélioration de la situation sanitaire ; elle ne reviendra donc complètement qu'après le plein effet de la vaccination qui est naturellement la première priorité. Mais la confiance peut en complément être soutenue par des réassurances économiques. Le risque est en effet sérieux que l'épargne forcée du confinement devienne une épargne de précaution, nourrie par la crainte d'un resserrement fiscal pour financer les déficits – ce que les économistes appellent une épargne « ricardienne » –, et surtout, bien sûr, par la peur de la montée du chômage. Il faut donc viser une triple garantie pour les ménages : une garantie sociale, une garantie fiscale et budgétaire, une garantie en faveur du travail et de la formation.

UNE GARANTIE SOCIALE

Commençons par la réassurance la plus évidente : celle que procure notre protection sociale, face au risque de chômage mais aussi aux dépenses futures de la retraite. Ces inquiétudes peuvent être un motif majeur d'épargne de précaution. Certes, notre État-providence coûte cher, trop cher ; l'indemnisation chômage peut avoir des effets désincitatifs, les entrepreneurs le constatent quand ils veulent recruter. Il faudra, dans la durée, réformer l'assurance-chômage, et réformer les retraites pour s'adapter à l'allongement de la durée de vie et aux mutations du travail. Mais disons-le aussi nettement : dans l'incertitude actuelle, notre système de sécurité sociale est une chance car il contribue à la confiance des ménages. Et il préserve – un peu – notre société des déchirements et inégalités des modèles anglo-saxons.

LA STABILITÉ FISCALE ET LA SOUTENABILITÉ À LONG TERME DE LA DETTE PUBLIQUE

Il faut aussi écarter l'effet récessif de hausses d'impôts sur les ménages, et ne pas reproduire l'erreur, faite par un certain nombre de pays européens dont la France après la crise de 2011, de remonter trop rapidement les impôts, au risque d'étouffer la reprise. Il devrait s'agir d'une **garantie de stabilité fiscale sur plusieurs années** ; la France n'a par ailleurs pas les moyens de financer de nouvelles baisses d'impôts, après celles initiées ces dernières années. Cette idée simple – ni hausse ni baisse d'impôts – serait en fait presque révolutionnaire en France : notre pays cède régulièrement aux délices du « concours Lépine fiscal » et à la tentation de baisses d'impôts non financées. Leur efficacité économique s'avère *ex post* souvent décevante et nous ne passons jamais par son préalable que devrait être la maîtrise des dépenses. La promesse de la stabilité fiscale garantirait réassurance aux ménages et prévisibilité aux entreprises.

Il faut aussi répondre à l'inquiétude de nos concitoyens sur le stock de dette publique post-Covid. Ils soutiennent l'action budgétaire massive de 2020. Ils comprennent, pour la plupart, qu'il n'y a pas de remède miracle d'annulation (j'y reviendrai au chapitre 2) : une dette doit être remboursée, un jour. Mais alors, ils s'interrogent légitimement : comment va-t-on faire demain ? Ils me le demandent en privé : dix fois, vingt fois, j'ai entendu des amis ou des proches me dire ces derniers mois « je peux te poser une question ? »… et c'est toujours celle-ci. L'après-crise sera certes un défi pour les finances publiques, entre reprise à préserver et soutenabilité durable à assurer. Pour ce faire, la politique budgétaire devra à mon sens accompagner **les deux temps de la sortie de crise**.

• En 2021 et 2022, nous devons éviter un resserrement prématuré pour accompagner la reprise, mais sans prolonger excessivement les mesures exceptionnelles prises depuis 2020 : celles-ci doivent autant que possible rester **temporaires**, voire réversibles. Nous devons aussi veiller à ne pas multiplier les dépenses « hors Covid ».

• À partir de 2023, **gérer le désendettement public dans la durée**. Il est possible de distinguer une « dette Covid » (avoisinant 20 % du PIB) à cantonner à part pour ne commencer à la rembourser qu'après environ dix ans ; mais on ne fait ainsi que gagner du temps, et il faudra d'autant plus diminuer la « dette ordinaire » (d'environ 100 % du PIB). Le choc actuel rendra encore plus important d'avoir une politique à moyen terme de réduction de la dette clairement communiquée et assumée. Cela passe par la meilleure efficacité de nos dépenses : la contrepartie à l'absence de hausse d'impôts devra être la maîtrise enfin de nos dépenses publiques. Beaucoup de nos voisins de la zone euro, qui ont un modèle social comparable, y ont réussi : à nous de le faire. J'y reviendrai au chapitre 5 sur les réformes françaises.

C'est sur notre niveau de dette que se jouera en partie le statut de la France en Europe. En vingt ans, le poids de la dette française par rapport au PIB aura quasiment doublé, passant des 60 % prévus par le traité de Maastricht – que notre pays respectait en 2000 – à près de 120 %. En moins d'une génération, nous avons ainsi doublé le poids du « sac à dos » dont nous chargeons les épaules des jeunes qui démarrent leur vie professionnelle. C'est un manquement non seulement à l'orthodoxie financière, mais surtout à la solidarité intergénérationnelle. Lors de la crise de 2008, nous étions encore au même niveau que l'Allemagne. Mais depuis lors, la dette française a augmenté nettement plus vite que la moyenne de la zone euro, tandis que la dette allemande, elle, a baissé.

Si cette tendance à l'« hyperdette » n'est pas arrêtée, à mesure que notre endettement progresserait plus vite que celui de l'Allemagne, la confiance des investisseurs – et aussi celle des Français eux-mêmes – diminuerait. Et la France « glisserait » davantage vers le sud de l'Europe.

UNE GARANTIE EN FAVEUR DU TRAVAIL ET DE LA FORMATION

Répondre aux inquiétudes et limiter les inégalités, c'est aussi mieux préparer les Français au monde de demain et aux nouveaux métiers. Ce doit même être une exigence, en contrepartie des garanties sociales. La solution passe prioritairement par la formation professionnelle et l'apprentissage.

Le dispositif d'activité partielle a été très large pendant les périodes de confinement (*cf. supra*). Pour autant, outre son coût budgétaire élevé (prévu à 34 milliards d'euros en 2020), une plus grande sélectivité s'imposera progressivement pour accompagner la reprise de l'activité. Le dispositif dit « de droit commun » a d'ailleurs connu un premier ajustement en juin 2020 et un second début février 2021. Un nouveau dispositif d'activité partielle de longue durée (APLD) a été parallèlement mis en place : il est plus long mais soumis à la signature d'un accord collectif de branche ou d'entreprise. Cela ne devrait pas pour autant, dans le cadre de la négociation sociale, empêcher toute restructuration si la situation économique de l'entreprise le nécessite.

Pendant la période de hausse du chômage jusqu'à mi-2021, il faudrait accorder la priorité aux mesures visant à renforcer les compétences et accompagner les mobilités professionnelles, notamment pour les personnes dont les activités sont plus durablement affectées par la crise. Il faut avant tout accompagner les jeunes arrivant sur le marché du travail cette année. Cette « génération Covid » ne doit pas être sacrifiée. Les mesures annoncées par le gouvernement dans le cadre du plan « 1 jeune, 1 solution » en juillet 2020 et qui encouragent les embauches, y compris en apprentissage, semblent produire déjà des résultats positifs en ce sens.

La France, entre 2016 et 2019, a su créer 1 million d'emplois supplémentaires nets ; après le choc exogène de la crise, notre pays devra retrouver le fil de ces progrès.

La confiance des entreprises : réduire le soutien généralisé, mais cibler leur solvabilité

Les entreprises ont bénéficié à juste titre pendant la phase d'urgence d'un « bouclier de trésorerie » et d'une assistance généralisée, notamment par l'activité partielle. Ces dispositifs restent malheureusement nécessaires pour les secteurs durablement affectés, et qui souffrent le plus des restrictions réintroduites à l'automne : hébergement-restauration, événementiel et spectacles, et dans l'industrie aéronautique. Mais les autres secteurs – la grande majorité, représentant plus de 80 % de l'économie – sont revenus à au moins 90 % de leur niveau d'activité normale, et souvent proches de celui-ci. Pour ce « socle » de notre économie, l'enjeu est maintenant de réorienter les dispositifs vers un **investissement public sélectif** afin de soutenir durablement en fonds propres les entreprises viables qui auront été fragilisées par la crise. À défaut, leurs investissements en seraient fortement freinés : le risque est que l'investissement soit la victime cachée de la crise, moins visible que les faillites ou les plans sociaux, mais aussi grave à terme. Se joue là en effet toute la capacité de notre appareil productif à répondre aux défis technologiques et climatiques : la reconstruction doit être une transformation, et non pas un redémarrage à l'identique. Elle impose d'innover, et pour cela d'en avoir la confiance par des fonds propres suffisants.

Selon les analyses de la Banque de France, entre novembre 2019 et novembre 2020, les entreprises ont vu leur endettement brut augmenter de près de 13 %. C'est la plus forte hausse d'Europe, alors que les entreprises françaises sont déjà plus endettées que la moyenne. Cette hausse est, cependant, compensée globalement par une augmentation significative de leur trésorerie.

Pour éviter que cet endettement ne fragilise financièrement les entreprises, il faut donc des dispositifs de **quasi-fonds propres publics** : pour les entreprises cotées, l'État a déjà prévu la possibilité de nationalisations partielles et/ou temporaires. Pour le cas – massif – des TPE, PME et ETI, non cotées, beaucoup d'idées ont surgi : prêts participatifs avec soutien de l'État, obligations hybrides, actions à dividendes prioritaires, etc. Le besoin se situe autour de 20 milliards d'euros, et concernerait au moins 100 à 150 ETI indépendantes, 10 000 PME, et plus de 100 000 TPE. Aucun instrument n'est à vrai dire idéal, et mieux vaudrait sans doute en expérimenter plusieurs en parallèle, plutôt que les seuls prêts participatifs distribués par les banques ; il faudrait parallèlement poser pour tous les instruments quelques principes clairs de sélectivité. Il s'agit d'aider les entreprises fragilisées financièrement par la crise Covid, mais viables économiquement. Financer des entreprises sans perspectives d'avenir, « à fonds perdus », serait non seulement une ruine budgétaire, mais aussi un non-sens économique. Disons-le clairement : il faudra donc dans certains cas savoir refuser, et l'État ou les autres collectivités publiques sont mal placés pour le faire. La présence systématique de « co-investisseurs » privés, fussent-ils minoritaires, est à mes yeux la meilleure garantie d'instruction et de décision sélective.

Cet investissement public doit s'accompagner d'une accélération et d'une simplification des procédures de restructuration collective, plutôt que de liquidation.

Sur ces sujets techniques, mais essentiels, des progrès appréciables ont été faits, notamment quand Emmanuel Macron était ministre de l'Économie. Il faut amplifier leur mise en œuvre effective.

La confiance dans les banques : préserver leur solidité, pour un bon financement de l'économie

Acteurs essentiels du financement de notre économie, les banques françaises ont porté le bouclier de liquidités indispensable aux entreprises durant la phase aiguë de la crise. Leur situation est aujourd'hui beaucoup plus résiliente qu'en 2008 (*cf.* chapitre 3).

Pour autant, il faudra suivre avec attention l'impact potentiel de la montée du risque de défaillance des entreprises sur la solidité financière des banques européennes. Celles-ci souffrent déjà d'une rentabilité structurelle deux fois plus faible en moyenne que les banques américaines, et en conséquence d'une valorisation boursière très basse qui rendrait difficile la levée de capital privé additionnel. Le renforcement de la solvabilité des entreprises (*cf. supra*) est une bonne action de prévention en amont en faveur de la solidité des banques. Les risques « macroprudentiels » doivent enfin rester surveillés avec vigilance : ils tiennent notamment à la valorisation aujourd'hui élevée des marchés actions, et au secteur des fonds et « non-banques[1] » moins régulé après 2009.

Une relance européenne innovante pour relever les défis du « monde d'après »

En appui de cette confiance des acteurs privés, la mobilisation des politiques économiques, notamment dans leur composante européenne, joue un rôle tout à fait important. Il faut chercher à établir un jeu coopératif entre ces politiques, tout en respectant l'autonomie de chacune d'entre elles. C'est un défi nouveau dans une Europe qui a trop pris l'habitude de la non-coordination.

J'insisterai ici prioritairement sur la politique budgétaire européenne, qui est l'aspect le plus novateur de la crise Covid. La politique monétaire fera l'objet du prochain chapitre. Quant à la politique budgétaire nationale, j'en ai esquissé plus haut les étapes souhaitables.

La crise Covid a fait subir au projet européen un « stress-test » d'une ampleur inédite, et les risques de divergence accrue restent forts. Mais cette crise peut aussi être la chance de réponses européennes plus fortes dans ce monde incertain, bouleversé et peu coopératif. Face à la crise Covid, l'investissement au niveau national atteindra inévitablement ses limites. Pour contrecarrer

1. Banque de France, « Évaluation des risques du système financier français », janvier 2021.

le recul de l'investissement en 2020 et 2021, estimé à plus de 800 milliards d'euros[1], l'enjeu est de répondre à nos priorités structurelles communes. La première est la **transition écologique**, qui ne doit absolument pas être une victime collatérale de la crise. La taxation carbone est généralement considérée comme l'instrument le plus efficace pour lutter contre le réchauffement climatique. La proposition de la Commission européenne, qui vise à renforcer le système européen du *trading* d'émissions par un ajustement aux frontières, mérite tout notre soutien. Une autre priorité est la **transition numérique**, qui sera encore davantage qu'avant le principal moteur de la productivité future, et l'Europe y est malheureusement en retard sur les États-Unis et la Chine. On peut regretter que ces actions « transversales » aient été un peu occultées dans les rudes négociations entre pays.

L'initiative franco-allemande du 18 mai 2020, grâce à l'engagement du président de la République, ainsi que l'accord européen du 21 juillet qui l'a suivie représentent pour autant une avancée majeure pour la solidarité financière européenne. L'élaboration du plan de relance européen a été laborieuse : on se souvient de ce conclave interminable de quatre jours à Bruxelles, des mesquineries des cinq « frugaux » – et même radins à vrai dire – autour du dirigeant néerlandais, des visages tirés sous les masques, puis, à l'automne,

1. Proposition de plan de relance du 27 mai 2020 de la Commission européenne.

du blocage hongrois et polonais, heureusement levé. Mais l'axe franco-allemand reconstitué a remarquablement fonctionné et le résultat – un paquet de 750 milliards d'euros – est à la hauteur des difficultés créées par la crise sanitaire et ses conséquences. Il s'agit d'un acte de solidarité sans précédent, envers les pays les plus touchés par une pandémie elle-même sans équivalent. Et pour la première fois à l'échelle européenne a été décidé un emprunt commun pour financer des dépenses définitives, pour plus de la moitié du paquet (390 milliards d'euros). C'est une avancée majeure, qui amorce une réelle politique budgétaire commune. Les banques centrales de l'Union européenne souhaitaient depuis longtemps que la politique économique de l'Europe ne dépende plus uniquement des actions de politique monétaire. C'est donc une satisfaction supplémentaire pour la Banque de France et la Banque centrale européenne.

Ce plan de relance démontre que l'Europe est plus forte qu'on ne le dit. Elle a su réagir face aux trois crises récentes, en 2008 avec la crise financière, en 2015 avec celle de la dette grecque, et enfin aujourd'hui. Au pied du mur, les Européens – dont les Allemands – ont fait le choix de l'Union et de l'euro, optant ainsi pour la meilleure des protections dans un monde incertain, soumis à de nombreux antagonismes. Aujourd'hui, la priorité est de mettre en œuvre rapidement ce « paquet ».

⁂

La percée européenne illustre une évidence : la pandémie qui a durement frappé nos pays aura remis en cause bien de nos certitudes. Une chose est sûre néanmoins : nous pouvons surmonter ce choc. Il nous faudra clairvoyance et ténacité. La reprise sera exigeante, et la sortie de crise nécessitera deux ans pour rattraper l'essentiel des pertes économiques. Mais les solutions sont à notre portée par notre travail à tous et des efforts partagés avec justice. Nous devons viser un sens global de la stratégie de reconstruction : sa lisibilité compte autant que sa réactivité, pour aider entreprises et ménages à se projeter vers l'avenir. Nous avons une chance, collectivement, de reconstruire une économie qui soit non seulement plus compétitive mais « meilleure » : plus écologique – avec davantage de qualité de vie –, plus numérique – avec davantage de libertés notamment dans le travail –, plus qualifiée – avec davantage de compétences. En sortie d'une rude épreuve, cette transformation est loin d'être acquise ; mais elle doit être notre ambition.

CHAPITRE 2

De bonnes politiques monétaires pour faire une bonne monnaie[1]

Une bonne monnaie, c'est un actif populaire : l'euro est soutenu par près des trois quarts des Français, qui au besoin le rappellent dans les débats électoraux. Mais dès qu'on prononce le terme « politique monétaire », qui en est pourtant la condition, on a toutes chances de perdre son auditoire : le concept apparaît comme abscons pour l'immense majorité de nos concitoyens. Il faut reconnaître que les années récentes n'ont en rien facilité les choses ; elles ont d'abord vu apparaître des termes mystérieux comme le QE, *quantitative easing*, et plus encore des réalités apparemment contre-intuitives comme les taux d'intérêt négatifs.

1. Ce chapitre utilise notamment les interventions faites au symposium de la Banque de France sur les taux bas en janvier 2016 ; à New-York/Université de Columbia en avril 2017 ; à Paris-Dauphine en janvier 2020 ; au colloque Banque de France/Official Monetary and Financial Institutions Forum (OMFIF) de septembre 2020, notre « Lettre au Président de la République » de juillet 2020, et l'interview à *Alternatives économiques* de décembre 2020.

Et, face à la crise Covid, les banques centrales ont donné l'impression de créer soudainement des milliers de milliards : d'où sort donc cet argent ? La politique monétaire, c'est pourtant le premier de mes métiers, et la première de mes tâches quotidiennes. En paraphrasant l'adage du baron Louis il y a deux siècles, « Faites-moi de bonnes politiques, et je vous ferai de bonnes finances », je voudrais montrer aussi simplement que possible comment de bonnes politiques monétaires font une bonne monnaie.

Précisons d'abord que le lieu central de l'action est ici le Conseil des gouverneurs de la Banque centrale européenne : j'y participe tous les quinze jours, au 41e étage de l'*Eurotower* de Francfort… ou depuis mars 2020 par visioconférence, Covid oblige. Nous nous y retrouvons à 25 : les 19 gouverneurs des banques centrales nationales, et les 6 membres du directoire autour de la présidente, Christine Lagarde. Nous y parlons un anglais perfectible – ce n'est sauf exception la langue maternelle d'aucun participant ; mais cela évite la lourdeur de l'interprétation entre nous… et explique que notre jargon technique comporte beaucoup de termes anglais. Une grande table ronde, où chacun est placé selon l'ordre alphabétique de son nom de famille, et pas de son pays pour marquer son indépendance ; je me retrouve donc assis aux côtés d'Ignazio Visco et de Jens Weidmann, mes collègues italien et allemand. Et une règle de vote en général d'une simplicité biblique :

un homme, une voix, fût-ce celle de Malte ; cependant nous votons rarement formellement, et dans la discussion il faut bien reconnaître que les « grands » parlent et pèsent un peu plus que les autres. Un mot enfin que nous aimons bien, même s'il est mal connu, pour décrire cet ensemble fédéral : *Eurosystème*, qui réunit la BCE elle-même et les 19 banques centrales nationales dont la Banque de France. Celle-ci apporte en amont la qualité d'analyse reconnue de ses experts économiques et est responsable en aval de la mise en œuvre des décisions pour l'ensemble de l'économie française.

Il faut commencer par dire *pourquoi*, au nom de quoi, nous agissons : la confiance dans la monnaie est arrimée à deux ancres complémentaires l'une de l'autre, le mandat de stabilité des prix et l'indépendance. Leur permanence est d'autant plus importante dans les crises et les temps incertains que nous vivons. J'en viendrai ensuite au *comment* nous déclinons ce mandat dans les circonstances concrètes du moment, à travers les trois périodes différentes qu'on peut distinguer depuis 2015.

Deux ancres indispensables et permanentes : le mandat et l'indépendance

La confiance des citoyens dans la monnaie, c'est comme l'air que l'on respire. C'est un acquis dont nous ne mesurons peut-être pas assez la valeur, mais regardons ce qui se passe dans un certain nombre de pays émergents aujourd'hui, de l'Argentine au Liban : si cet acquis est perdu, tout le reste de ce que l'on dit sur la confiance économique devient littérature.

Cette confiance des citoyens est liée à des institutions efficaces. L'euro bénéficie d'une confiance croissante des 340 millions d'Européens qui le partagent. Le niveau d'adhésion à l'euro est aujourd'hui historiquement élevé : 75 % des citoyens de la zone euro sont favorables à « une union économique et monétaire européenne avec une seule monnaie, l'euro[1] ». Pour les institutions en charge de la monnaie – l'Eurosystème –, cette confiance est à la fois la reconnaissance d'une crédibilité et une obligation : les banques centrales ont le devoir d'agir au service de leur mandat, en toute indépendance – sans accepter d'influence politique ou médiatique. Paradoxalement, c'est aujourd'hui, et singulièrement en France, alors que la BCE et la Banque

1. Eurobaromètre, juillet 2020.

de France sont plus actives que jamais, que surgissent des critiques : contre leur mandat qui devrait s'étendre au-delà de la stabilité des prix, pour inclure le financement des dettes publiques ou la lutte contre la crise sanitaire, et contre leur indépendance – elles devraient être placées « sous contrôle politique ». Raison de plus pour bien expliquer ces deux ancres.

Le mandat : la stabilité des prix

La BCE et les banques centrales nationales des 19 pays de la zone euro ont, depuis l'origine, un mandat clair qui leur a été fixé démocratiquement dans les traités européens : « maintenir la stabilité des prix[1] ». La stabilité des prix préserve le pouvoir d'achat des ménages ; elle renforce la confiance dans la valeur de la monnaie et ainsi la confiance des acteurs économiques dans toutes leurs décisions engageant l'avenir, des investissements à la conclusion des contrats. En second rang derrière cet objectif prioritaire, l'Eurosystème soutient également les politiques économiques générales dans l'Union, contribuant notamment à « une économie sociale de marché hautement compétitive, qui tend au plein-emploi et au progrès social[2] » et il veille à la « stabilité du système financier[3] ».

1. Article 127 du Traité sur le fonctionnement de l'Union européenne.
2. Article 3.3 du Traité sur l'Union européenne.
3. Article 127.5 du Traité sur le fonctionnement de l'Union européenne.

Certains observateurs préconisent un « double mandat » qui viserait à la fois l'inflation et la croissance ou le plein-emploi, comme par exemple celui de la Réserve fédérale américaine (la Fed). Cela aurait été toutefois initialement hors de portée politique au regard de l'expérience traumatisante de l'Allemagne en matière d'inflation. En outre, jusqu'à présent, cela s'avère avoir induit peu de différences en pratique : les économistes et les banques centrales suivent la « courbe de Phillips » – du nom de son auteur néo-zélandais –, qui montre qu'un emploi trop faible va de pair avec une inflation trop faible, via des salaires peu dynamiques. Aujourd'hui cependant, certains mettent en doute cette relation : la courbe de Phillips se serait « aplatie », et l'inflation réagirait peu à l'évolution de l'emploi. À Jackson Hole fin août dernier, lors d'un discours remarqué au symposium annuel des banquiers centraux, Jay Powell, président de la Fed américaine, a semblé relancer la discussion en donnant une importance accrue à l'objectif de plein-emploi. Il ne faut pas pour autant surestimer la portée de ce débat pour la BCE : aujourd'hui, inflation trop basse et chômage trop élevé vont de pair en zone euro. Que le mandat soit double ou priorisé – la stabilité des prix, mais avec soutien notamment au plein-emploi – conduit en pratique à la même politique monétaire.

Dès 1998, la BCE a donné une définition précise de cette stabilité des prix, qu'elle a affinée en 2003 sous la présidence de Jean-Claude Trichet : maintenir le taux d'inflation à un niveau « inférieur à, mais proche de 2 % » à moyen terme. Deux raisons notamment justifient que cette cible soit supérieure à zéro : une « marge de sécurité » par rapport à tout risque de déflation et de taux d'intérêt nominaux qui deviendraient trop bas ; et la prise en compte d'une éventuelle surestimation des chiffres d'inflation. D'autres grandes banques centrales, telles que la Réserve fédérale américaine et la Banque du Japon, ont suivi depuis l'exemple de la BCE, en adoptant la même cible d'inflation de 2 %, respectivement en 2012 et 2013.

Vingt ans après l'introduction de l'euro, les acquis sont tangibles : l'inflation a été, à 1,6 % en moyenne, proche de sa cible. Par rapport aux vingt années qui avaient précédé l'euro (1979-1998), les prix à la consommation ont augmenté près de trois fois moins vite depuis 1999.

Sur la dernière décennie cependant, dans la zone euro, l'inflation est restée trop basse : 1,2 % en moyenne entre 2011 et 2020, et même temporairement négative (- 0,3 %) à fin décembre 2020. Cette faiblesse de l'inflation, que l'on retrouve dans la plupart des économies avancées, a relancé le débat sur l'objectif de 2 %. Certains proposent de se contenter de 1 %, comme Jacques de Larosière, un de mes grands anciens. D'autres, à l'inverse, tel Olivier Blanchard, ancien chef économiste du FMI, ont longtemps plaidé en faveur d'un objectif plus élevé, jusqu'à 4 %, pour avoir plus de marge pour baisser les taux d'intérêt en bas de cycle. Il est tentant de simplement renvoyer les deux thèses dos à dos. Mais nous prenons au sérieux ce débat sur l'objectif d'inflation : la clarification du 2 % sera un des éléments clés de la « revue stratégique » de la politique monétaire que notre Conseil des gouverneurs, autour de Christine Lagarde[1], conduira jusqu'au milieu de cette année. Nous gagnerions sans doute à inclure les dépenses immobilières des propriétaires occupants dans l'indice d'inflation : c'est un manque que les ménages critiquent souvent. Sans préjuger du résultat des discussions, notre objectif d'inflation doit avoir par ailleurs trois caractéristiques, liées entre elles ; il doit être à la fois :

• **Symétrique** : si la cible centrale est perçue comme un plafond, elle a moins de chances d'être atteinte durablement. Et donc, clairement, l'Eurosystème devra être prêt à l'avenir à dépasser à certains moments le taux de 2 %, sans pour autant resserrer mécaniquement sa politique monétaire.

• **Flexible** : l'Eurosystème ne peut garantir le taux de 2 % ni tout le temps, ni tout de suite.

• **De moyen terme**. Cet objectif de moyen terme doit être considéré de deux manières : il est tourné vers le futur pour guider les anticipations d'inflation ; mais il ne peut non plus ignorer le passé. Faut-il aller jusqu'à cibler une inflation **moyenne** proche de 2 % et compenser, au moins temporairement, insuffisances

1. C. Lagarde, « The monetary policy strategy review : Some preliminary considerations », discours à Francfort, 30 septembre 2020.

et excès d'inflation dans le temps ? Là aussi, la Fed a quelque peu innové en annonçant viser désormais une inflation moyenne de 2 %... mais sans préciser sur quelle période de temps. Ce « moyennage » reste donc flexible, et recouvre surtout un grand pragmatisme.

Le « ciblage d'inflation » (*inflation targeting*) introduit ces deux dernières décennies reste indispensable – *a fortiori* en ces temps d'incertitude – pour donner des repères clairs aux agents économiques et à leurs anticipations, des deux côtés de l'Atlantique. Mais il n'est pas un corset rigide, et laisse la place à l'analyse de beaucoup d'autres données économiques dont la croissance et l'emploi.

L'indépendance pour pouvoir mettre en œuvre le mandat

Les gouvernements souhaitent presque toujours des taux d'intérêt bas ; la lutte contre l'inflation peut requérir à l'inverse des décisions difficiles de relèvement des taux. Telle est l'origine, pragmatique, de l'indépendance des grandes banques centrales depuis les années 1980. Ainsi, pour mettre en œuvre le mandat qui lui a été confié démocratiquement par la législation européenne, la BCE est doublement indépendante. Son action n'est pas soumise aux gouvernements nationaux ni aux interprétations juridiques nationales. D'autre part, elle ne cède pas aux pressions des marchés ni aux modes médiatiques du moment.

Pour autant, l'indépendance reste parfois mal comprise dans nos démocraties. La question est légitime, mais des deux côtés de l'Atlantique, les gouvernements les plus critiques de l'indépendance sont ceux-là mêmes qui en démontrent le plus la nécessité : c'est parce que mon collègue Jay Powell avait su ignorer les tweets vengeurs de Donald Trump antérieurement qu'il a pu en 2020 intervenir massivement, sans ébranler la confiance des Américains dans le dollar.

L'indépendance est indissociable du mandat confié, et a pour contrepartie une obligation essentielle : celle de rendre des comptes aux élus et aux citoyens (*democratic accountability*) sur le bon accomplissement de ce mandat. Depuis la création de l'euro, chaque année, le président de la BCE est auditionné quatre fois par les parlementaires européens représentants des citoyens ; il tient huit conférences de presse ; et depuis 2015, la BCE publie systématiquement un compte rendu de ses débats de politique monétaire. Les actions doivent en outre être menées au plus près du terrain : c'est le sens d'un Eurosystème décentralisé. Au niveau national, je suis auditionné régulièrement par le Parlement, et la Banque de France s'attache à développer son dialogue avec les acteurs économiques et sociaux.

Porter atteinte à l'indépendance de la banque centrale, et donc à sa crédibilité, ce serait compromettre sa puissance et son agilité, qui sont précisément des atouts qui protègent notre économie durant une crise. Comme le démontre l'action de la BCE, ces deux ancres n'empêchent en rien d'innover et d'agir avec créativité ; elles en créent au contraire les conditions mêmes. Nous en arrivons ici à la déclinaison concrète du mandat, en fonction du contexte économique du moment. Je me concentrerai sur les six dernières années ; j'ai vécu au sein du Conseil des gouverneurs trois périodes avec leur continuité, mais des différences sensibles d'accent. D'abord le temps de l'audace (2015-2016) pour combattre le risque de déflation. Ensuite le temps du débat croissant (2017-2019), lié à une reprise sans inflation. Et enfin, depuis 2020, la mobilisation générale face à la crise Covid.

Les trois temps de la politique monétaire

2015-2016 : le temps de l'audace pour lutter contre la déflation, avec Mario Draghi

Dès la crise de 2007-2009, l'Eurosystème avait mis en œuvre une stratégie de politique monétaire innovante et déterminée, qui avait contribué à stabiliser l'économie de la zone euro et à réduire les coûts des crises. Comme de nombreuses autres banques centrales, la BCE avait offert de la liquidité en quantité illimitée aux intermédiaires financiers, abaissé fortement le taux de ses opérations de refinancement et fourni des lignes de *swap*[1] internationales. L'épisode Lehman avait toutefois été suivi en 2011 de la crise de la dette souveraine dans la zone euro et de son amplification via le lien entre banques et émetteurs souverains. Pour preuve de la crédibilité de l'engagement à faire « tout ce qui est nécessaire » pour préserver l'euro, *whatever it takes*, selon les termes fameux de Mario Draghi en juillet 2012, il avait suffi d'annoncer un programme éventuel d'opérations monétaires sur titres (OMT) consistant à acheter autant que nécessaire les dettes publiques des pays en difficulté, pour atténuer les tensions sur les marchés financiers.

Mais ensuite, à partir de 2014, l'Eurosystème a dû réagir face à un risque de déflation lié à la conjonction de plusieurs facteurs : le ralentissement de la croissance mondiale, la chute des cours des matières premières et la faiblesse persistante de la demande intérieure. C'est pourquoi le Conseil des gouverneurs a adopté un ensemble de mesures audacieuses, comportant trois volets principaux : les achats d'actifs – ou QE (*quantitative easing*, « assouplissement quantitatif ») –, les indications sur la trajectoire future des taux (*forward guidance*) – deux mesures précédemment mises en place par la Fed américaine – et les taux d'intérêt négatifs. Le point

1. Accord conclu entre deux banques centrales en vue de procéder à un échange de devises.

commun de ces trois instruments, c'est de repousser les limites traditionnelles de l'intervention des banques centrales : en présence d'une inflation et d'une activité trop faibles, celles-ci ne savaient jusque-là qu'abaisser les taux d'intérêt, à zéro dans les cas extrêmes, et butaient ensuite sur ce qui était réputé être la *zero lower bound* (le « plancher à zéro ») des taux d'intérêt. Les trois instruments dits « non conventionnels » dépassent cette frontière. Le programme d'achats d'actifs a d'abord concerné certains instruments de dette privée, puis également et massivement des titres du secteur public, pour au total près de 3 660 milliards d'euros fin 2020. La mesure probablement la moins conventionnelle reste l'utilisation de taux d'intérêt négatifs. Le Conseil des gouverneurs a pris la décision en juin 2014 d'appliquer des taux négatifs aux dépôts des banques auprès de la BCE (facilité de dépôt) et de les réduire ensuite jusqu'à leur niveau actuel de – 0,5 %. Peut-être précisément parce que ces mesures étaient si inhabituelles, elles ont aidé à convaincre les marchés que notre engagement en faveur de notre mandat était très solide.

Cela étant, les taux d'intérêt négatifs ont des limites évidentes : ils sont difficiles à faire accepter par les ménages et les PME et donc, en pratique, il est impossible de les répercuter sur eux ; mais ils fonctionnent correctement à l'expérience pour les acteurs « de gros » (États, grandes entreprises, institutions financières). Ce sont souvent ces taux négatifs qui ont focalisé le débat des années ultérieures ; ce débat est cependant beaucoup plus large.

2017-2019 : le temps du débat autour des taux bas

Après avoir brièvement été négative en 2016, l'inflation a remonté mais est restée inférieure à la cible de l'Eurosystème (1,5 % en 2017 et 1,2 % en 2019). Parallèlement, la croissance et l'emploi se sont nettement redressés. Ce contexte de *lowflation*, voire de *noflation*, a suscité des interrogations croissantes, sur l'efficacité de la politique monétaire, mais plus encore sur un changement structurel : sommes-nous voués à vivre durablement avec des taux d'intérêt bas, et ceux-ci ont-ils des bénéfices économiques qui l'emportent sur les risques financiers qu'ils peuvent créer ? Plus la normalisation économique semblait se rapprocher, plus la normalisation monétaire était attendue par beaucoup. Ce débat vif est l'occasion bienvenue de creuser les causes et les effets des taux bas.

LES CAUSES STRUCTURELLES DES TAUX BAS

Certes, jamais dans l'histoire économique les taux d'intérêt n'ont été aussi bas, et pour aussi longtemps. Mais contrairement à un préjugé largement répandu, les banques centrales ne sont pas les seules responsables de cette révolution. La tendance à la baisse des taux d'intérêt nominaux mondiaux s'inscrit dans un mouvement de près de quarante ans[1].

La décennie de l'après-crise financière marque toutefois une rupture. Les taux *nominaux* ont continué de baisser et sont même devenus négatifs à court terme en zone euro depuis 2014, une innovation radicale partagée avec la Suède, la Suisse, ou le Japon depuis 2016. L'inflation s'est parallèlement stabilisée à un bas niveau, ce qui a entraîné la baisse des taux d'intérêt *réels*. L'aperçu historique de l'évolution mondiale de ces taux d'intérêt réels montre que leur niveau actuel – souvent négatif – est au plus bas, alors que sur très longue période, les taux réels mondiaux de long terme se situaient plutôt entre 2 et 4 %.

Seuls des changements structurels peuvent expliquer de telles variations. Les conséquences du ralentissement de la population active et de la productivité globale ont entraîné un ralentissement du taux de croissance tendancielle du PIB qui pourrait expliquer environ un quart de cette baisse. Les trois autres quarts proviendraient d'une offre accrue d'épargne et d'une moindre demande d'investissement. L'excès d'épargne mondiale est alimenté par l'allongement de la durée de la vie, la hausse des inégalités – les plus riches

1. Pour une discussion générale, voir O. Garnier, S. Lhuissier, A. Penalver, « Taux d'intérêt bas, quelle responsabilité de la politique monétaire ? », *Risques*, décembre 2019, n° 120.

épargnent davantage – et l'accumulation des réserves de change dans les pays émergents. À l'inverse, la moindre demande d'investissement s'explique notamment par l'essor de l'économie immatérielle qui requiert plus de capital humain et immatériel que d'investissements physiques, et sans doute par une moindre confiance dans l'avenir. La zone euro particulièrement connaît, depuis la crise financière, à la fois une hausse du taux d'épargne et une faiblesse prononcée du taux d'investissement.

Ces évolutions partout présentes depuis longtemps ne tiennent donc pas seulement à la politique monétaire, même si celle-ci a conjoncturellement renforcé la tendance. Dès lors que les taux bas sont là pour durer, vient une autre question : sont-ils efficaces en soutien de la cible d'inflation, et de la croissance ?

LES TAUX BAS : LEVIER INDISPENSABLE POUR SOUTENIR L'ÉCONOMIE

D'un point de vue macroéconomique, les taux bas, et plus largement les politiques accommodantes, ont effectivement soutenu l'économie. Ainsi, le FMI[1] estime que sans les relances monétaires conduites au sein des économies avancées, la croissance mondiale aurait été inférieure de 0,5 point de pourcentage en

1. International Monetary Fund, Word Economic and Market Developments, Gita Gopinath, octobre 2019.

2019 comme en 2020. En zone euro même, les effets de la politique monétaire non conventionnelle ont fait l'objet de plusieurs estimations, convergentes : de 2 à 3 points de pourcentage pour la croissance et de 1,5 à 2 points de pourcentage d'inflation cumulés sur 2014-2019. Ces effets sont proches pour la France. Plus de croissance grâce aux taux bas, c'est aussi moins de chômage : la zone euro a créé plus de 11 millions d'emplois entre 2013 et 2019 dont 2 à 3 millions reviendraient directement aux effets de la politique monétaire, compte tenu de sa part dans la croissance.

Les moyennes macroéconomiques ne suffisent pas, cependant. L'effet des taux bas doit aussi être apprécié en fonction du profil des différents acteurs économiques. Les **ménages**, lorsqu'ils empruntent, sont gagnants grâce à des taux d'emprunt historiquement faibles, notamment en France. Leur patrimoine immobilier a pris de la valeur, comme les actions. Les ménages, y compris les plus défavorisés, ont été les bénéficiaires de la reprise de l'emploi. En revanche, le rendement de l'épargne en produits de taux est naturellement diminué. Il y a même parfois la crainte d'un taux négatif sur les dépôts, une « taxation de l'épargne ». Cela reste et devra rester une hypothèse intellectuelle en France. Clairement, je n'estime ni probable ni souhaitable l'application des taux négatifs aux dépôts des particuliers – hors certains gros patrimoines – ou à ceux des PME.

Les **entreprises** en zone euro, notamment les PME et TPE, ont bénéficié d'un accès facilité au crédit à taux bas : il faut noter cependant qu'elles ont cessé globalement d'être emprunteuses nettes, c'est-à-dire qu'elles peuvent autofinancer complètement leurs investissements ; cette inversion historique, et peut-être temporaire, est toutefois moins marquée en France.

Enfin, les **États** sont clairement gagnants, et avec eux les contribuables, grâce aux économies sur la charge de leurs dettes. Ainsi, dans le cas de la France – qui s'endette à taux négatif jusqu'à onze ans –, la charge d'intérêt a été divisée par 2,8 depuis 1998, alors même que la dette a été multipliée par 1,9[1], l'une et l'autre rapportées en pourcentage du PIB.

Mais ce gain même suscite une interrogation : les taux bas sont-ils responsables de l'augmentation de l'endettement des États, comme de celle des acteurs privés – ménages et entreprises ? En France, incontestablement, ils l'ont facilitée. La spécificité même de la situation française interdit néanmoins d'en faire l'explication centrale : les taux sont bas dans toute la zone euro, et pourtant en moyenne les dettes des ménages, des entreprises et des États y ont reculé en pourcentage du PIB jusqu'en 2019, alors qu'elles ont augmenté en France. Cette spécificité française justifie plutôt une vigilance plus grande. Cette interrogation

1. Prévision Banque de France, décembre 2020.

rejoint cependant une dernière catégorie d'acteurs, les **établissements financiers**, banques et assurances. Eux, à l'inverse des entreprises et des États, sont souvent les plus virulents à l'encontre des taux bas.

LES RISQUES EN MATIÈRE DE STABILITÉ FINANCIÈRE

La première vigilance porte sur les conséquences des taux bas sur la stabilité financière. Il faut d'abord souligner que la capacité du secteur financier à absorber les chocs a été considérablement renforcée depuis la grande crise de 2008-2009 (*cf.* chapitre 3).

Par ailleurs, l'effet de la politique monétaire comporte des aspects positifs que les banques omettent trop souvent : des coûts de financement plus faibles ; un coût du risque en baisse jusqu'en 2019 en raison de l'amélioration de la solvabilité des emprunteurs. Toutefois, autant la politique monétaire accommodante profite aux acteurs économiques, autant sa prolongation peut mettre sous pression la rentabilité des acteurs financiers, banques comme assurances. Le reconnaître ne vaut pas condamnation des taux bas : ils sont mis en œuvre pour le bien commun, et pas pour celui des seules banques ou assurances. Mais le reconnaître vaut nécessité d'adaptation : un secteur financier solide en Europe constitue un atout.

Pour les assureurs d'abord, nous soutenons cet impératif d'adaptation. Les taux bas y ont un double effet de renchérissement des engagements au passif – par la réduction du taux d'actualisation – et de baisse du rendement des placements à l'actif. Les assureurs doivent donc engager une réflexion de fond sur leur offre et leur positionnement, aidée par une évolution des règles de l'assurance-vie.

De même pour les banques, la première part de cette adaptation doit revenir à leurs propres stratégies de numérisation et de consolidation. Mais une part nous en incombe : ainsi, depuis septembre 2019, le Conseil des gouverneurs a décidé un dispositif dit de « *tiering* », qui réduira chaque année le coût des taux négatifs de plus de 4 milliards pour les banques européennes, dont environ 900 millions pour les établissements français. De plus, depuis 2020, les taux de nos prêts à moyen terme aux banques – dits TLRO III dans notre jargon – ont été réduits considérablement, avec une bonification potentielle ; ils sont jusqu'en 2022, sous réserve que les encours de prêts à l'économie soient maintenus, à – 1 %, inférieurs de 0,5 point au taux auquel les banques peuvent elles-mêmes déposer leurs fonds à l'Eurosystème. Parallèlement, nous menons une politique macroprudentielle pour inciter les banques à une gestion prudente de leurs risques.

LE RELAIS NÉCESSAIRE PAR LES POLITIQUES BUDGÉTAIRES ET STRUCTURELLES

L'autre limite est une vérité d'humilité. La politique monétaire a fait plus que son devoir. Mais elle n'est pas – moins que jamais – omnipotente, et ne peut faire de miracles. Nous l'avons dit depuis six ans, avec une image répétée comme un mantra : *monetary policy should not be the only game in town*, nous ne voulons pas être le seul acteur sur scène. La politique monétaire n'a pas de prise sur les changements structurels à l'origine du niveau exceptionnellement bas du taux d'intérêt naturel[1]. Pour combler le déficit d'investissement – privé et public – dont souffre la zone euro au regard de son épargne abondante, des politiques structurelles de croissance doivent promouvoir l'innovation et la productivité. Et il faut que la politique budgétaire, au niveau national comme européen, joue aussi tout son rôle : il aura fallu ici la crise Covid pour être entendus.

1. Le taux d'intérêt « naturel » est le taux d'intérêt réel, décrit par l'économiste norvégien Wicksell en 1898, qui équilibre l'épargne et l'investissement dans un environnement de plein-emploi et de stabilité des prix. Il répond à l'appellation « R* » dans les débats académiques.

2020 : le temps de la mobilisation contre la crise, avec Christine Lagarde

À peine arrivée en novembre 2019, Christine Lagarde lance avec le soutien unanime de notre Conseil des gouverneurs une « revue stratégique », destinée à bien répondre au débat croissant de politique monétaire. Mais une urgence s'impose très vite : celle de la crise Covid et de ses effets économiques dramatiques, à compter de mars 2020. Il a fallu en deux conseils discuter et décider vite d'un dispositif d'exception : d'abord le 12 mars dans notre réunion prévue, puis le 18 mars dans un conseil non prévu, convoqué en secret le matin même. Chacun d'entre nous s'en souviendra longtemps : ce conseil se tient exceptionnellement par téléphone, alors que nous sommes tous confinés chez nous ; et ce soir-là, nous mettons au point en moins de trois heures les mesures les plus fortes de toute l'histoire de l'euro. La crise financière menaçait alors de s'ajouter à la crise sanitaire : avec d'autres banques centrales, nous avons su, je crois, agir vite et bien pour l'éviter.

FAIRE FACE À L'URGENCE

Tout en restant dans le cadre de son mandat, la BCE a démontré sa capacité à réagir fortement face à la crise. En plus de nos interventions « non conventionnelles » déployées depuis 2014-2015, de nouveaux instruments ont été introduits, encore plus flexibles face à une crise inédite et multiforme. Au passage, la Banque centrale a une fois de plus fait mentir tous ceux qui craignaient qu'elle soit désormais « à court de munitions » : il n'y a pas de limite à son intervention, parce qu'il n'y a pas de plafond ni juridique ni théorique à la taille de son bilan ; c'est sa caractéristique même. La spécificité d'une banque centrale est de pouvoir créer autant de monnaie que nécessaire : traditionnellement par l'impression de billets, mais dans une économie moderne plutôt par la création de « réserves », c'est-à-dire de la monnaie scripturale inscrite sur les comptes de dépôts que les banques commerciales détiennent auprès de la banque centrale. La seule limite qui s'impose, et elle est essentielle, c'est le respect du mandat de stabilité des prix.

Mi-mars, l'économie réelle était menacée d'une panne de financements : la première priorité était donc de fournir un bouclier de liquidités. Le 12 mars, nous l'avons d'abord fait pour les entreprises et PME qui se financent via les banques, en décidant pour celles-ci une enveloppe exceptionnelle de refinancement avec une tarification très incitative : dans leur acronyme en anglais, ce sont les TLTRO III, qui ont représenté dès leur premier tirage en juin un montant de près de 1 350 milliards d'euros. Puis, le 18 mars, pour les grandes entreprises et les États qui se financent via les marchés financiers, nous avons créé le « programme d'achat d'urgence face à la pandémie » (PEPP en anglais), pour 750 milliards d'euros initialement, portés ensuite jusqu'à potentiellement 1 850 milliards.

Ce programme exceptionnel est clairement lié à la crise, et a donc vocation à n'être que temporaire : le Conseil des gouverneurs « effectuera des achats nets d'actifs au titre du PEPP jusqu'à ce qu'il juge que la crise Covid est terminée, mais en tout état de cause au moins jusque fin mars 2022 ». Son volume a frappé, mais sa plus grande innovation est sa très grande flexibilité, en termes notamment d'allocation entre pays. Cette flexibilité même en fait notre instrument préféré pour faire face aux conséquences de la crise.

Ce point mérite explication : d'habitude nos programmes d'achat se répartissent selon des montants mensuels fixés à l'avance et entre pays strictement selon leur poids économique, autrement dit selon les « clés en capital » de la BCE qui y correspondent. Mais nous avons, depuis mars 2020 et plus encore depuis notre Conseil des gouverneurs de décembre dernier, opéré un glissement des quantités fixes vers la qualité : « Nous réaliserons les achats afin de préserver des conditions de financement favorables[1]. » Concrètement, nous voulons que nos décisions profitent à tous les acteurs économiques, ménages, entreprises et États, dans tous les pays. Nous regarderons donc une batterie large

1. Banque centrale européenne, communiqué de presse du 10 décembre 2020.

d'indicateurs sur les conditions de financement : sur les financements bancaires comme de marché, leur prix – les taux d'intérêt – comme leurs volumes, et ceci autant pour les entreprises et les ménages que pour les États.

Nous visons donc moins une stricte obligation de moyens – des montants prédéterminés –, qu'un résultat pour les acteurs économiques. Et nous pouvons pour atteindre ce résultat faire varier les quantités achetées.

Alors que la crise risque d'avoir certains effets asymétriques, nous ne permettrons pas qu'une dynamique de marché défavorable entraîne notamment des hausses injustifiées de taux d'intérêt dans certains pays, et une fragmentation qui compromettrait la bonne transmission de notre politique monétaire vers tous les agents économiques de la zone euro. Il ne s'agit pas de cibler des écarts de taux (*spreads*) ou des niveaux de taux d'intérêt prédéterminés : ce serait complexe et même contre-productif en zone euro. Mais, dès lors que les conditions de marché présenteraient des écarts injustifiés et des risques de volatilité excessive, certaines banques centrales nationales doivent pouvoir acheter significativement plus, et d'autres significativement moins. Pour citer un exemple qui est maintenant public, en mai 2020, alors que des tensions étaient revenues suite au jugement inattendu de la Cour constitutionnelle de Karlsruhe[1], la Banque d'Italie a acheté davantage de titres, contribuant ainsi à faire baisser les taux d'intérêt italiens, et la Banque de France moins de titres français.

VISER NOTRE CIBLE D'INFLATION, ET CE FAISANT SOUTENIR LA REPRISE

Au-delà de l'urgence des premières semaines, la politique monétaire de la BCE devra continuer à soutenir l'activité, au nom même de son mandat de stabilité des prix. La crise Covid a entraîné un choc économique sans précédent et l'évolution de l'environnement économique est entourée d'une extrême incertitude. À court terme, le choc a des effets désinflationnistes, notamment en raison de la chute de la demande et de la baisse du prix du pétrole. L'inflation est aujourd'hui très faible, et même temporairement négative à – 0,3 % en décembre 2020 pour la zone euro, et 0,0 % en France. Au-delà, il y a débat : une minorité d'économistes soulignent les coûts de production supplémentaires liés aux mesures sanitaires, puis l'effet inflationniste de normes environnementales croissantes et d'une moindre mondialisation. À nos yeux cependant, la perspective d'une reprise seulement progressive de l'activité et de la dégradation du marché

1. Jugement de la Cour constitutionnelle allemande du 5 mai 2020 relatif à la proportionnalité du programme d'achat d'actifs de la BCE.

du travail devrait contribuer à maintenir globalement l'inflation à un niveau faible au cours des trimestres à venir. Dans les différentes prévisions, l'inflation en zone euro ne devrait atteindre qu'à peine 1 % d'ici à 2022.

La reprise s'annonce hétérogène et graduelle, et il est difficile de mesurer le temps de retour à une nouvelle normalité ainsi que l'ampleur des pertes durables qui vont affecter la croissance potentielle. Mais pour remplir durablement son mandat de stabilité des prix, l'Eurosystème maintiendra aussi longtemps que nécessaire des taux d'intérêt très favorables et des liquidités très abondantes ; et il reste prêt à être aussi innovant que requis sur ses instruments.

L'ABSENCE DE REMÈDE MIRACLE

Cette détermination sans faille peut laisser croire – à tort – que la politique monétaire est toute-puissante. Les montants massifs de nos décisions depuis mars ont pu créer un vertige chez nos concitoyens, j'en témoigne aussi dans mon entourage : d'où vient cet argent ? et si la Banque centrale a su ainsi le créer en quelques heures, pourquoi nous parle-t-on d'effort nécessaire pour le rembourser ? Ces interrogations sont légitimes, et nous y devons réponse. L'explication essentielle est que l'argent créé par les banques centrales n'est jamais « donné » définitivement : il est prêté pour une durée limitée ; et il va dans l'économie pour revenir *in fine* à la banque centrale. La banque centrale peut donc procurer du temps par sa création monétaire – et cela compte. Mais elle ne peut pas augmenter durablement les richesses ; seuls notre travail et la croissance économique le peuvent.

Dans le contexte actuel d'augmentation inédite des dettes publiques, la tentation peut cependant être forte de céder à la « domination budgétaire » – ce que la recherche économique a qualifié de « *fiscal dominance* » –, où la banque centrale devrait obéir à un autre objectif que la stabilité des prix : financer la dette publique. Cela peut prendre des formes différentes, dont deux fréquemment citées dans notre pays : l'annulation des dettes publiques détenues par la banque centrale, ou l'idée proche de leur conversion en dette perpétuelle.

L'annulation de dette signifierait le financement monétaire des déficits, dont l'interdiction est un pilier fondateur de l'accord de création de l'euro. Il y a là plus qu'une de ces normes européennes si facilement critiquées : c'est un élément central du pacte de confiance avec nos partenaires et les citoyens européens, où la France a engagé sa parole. Il n'y aurait aucun consensus pour changer ces règles. Vouloir annuler les dettes, c'est donc être prêt à quitter l'euro ; il faut avoir l'honnêteté de le dire.

Mais si, par hypothèse, la Banque de France annulait des dettes qu'elle détient avec l'Eurosystème (environ 600 milliards de titres publics français, à fin 2020), elle constaterait une perte équivalente à son bilan, et le patrimoine collectif serait appauvri d'autant puisque l'État est son actionnaire unique. Par ailleurs, les dépôts des banques liés à cette création monétaire devront être rémunérés par la banque centrale. Ce n'est pas coûteux actuellement car le taux de rémunération des dépôts est négatif – comme celui de la dette ; mais cela pourra le devenir lorsque ce taux redeviendra positif, ce qui coûtera autant qu'une dette à court terme. Et si, comme le laissent croire certains, la banque centrale s'engageait à ne jamais remonter ses taux d'intérêt, alors s'enclencherait une spirale inflationniste potentiellement incontrôlable. Quant à la dette perpétuelle, les investisseurs demanderaient pour une dette sans espoir de remboursement des primes de risque et donc des taux d'intérêt élevés, beaucoup plus coûteux que la dette actuelle.

Ainsi, l'Eurosystème ne peut ni ne doit faire de miracle monétaire, ni juridiquement, ni surtout « fiduciairement ». C'est la justification même de l'indépendance dont j'ai parlé au début de ce chapitre : tout soupçon de « domination budgétaire » donnerait lieu à une défiance monétaire, à une perte de confiance dans la valeur de la monnaie, comme observé par le passé (Hongrie, Autriche, Allemagne ou Pologne dans l'entre-deux-guerres, ou en Israël au début des années 1980) et récemment dans certaines économies de marché émergentes. À chaque fois que la monnaie est dévaluée, ce sont les plus démunis qui en souffrent le plus.

⁂

Début 2021, l'urgence de la crise et la mobilisation réussie semblent avoir anesthésié le débat sur les taux bas, encore si vif un an plus tôt. Nous devrons cependant cette année, au sein du Conseil des gouverneurs, avancer et conclure la « revue stratégique » de notre politique monétaire. En rester à ce temps suspendu serait en effet une erreur, d'abord de principe : l'indépendance nécessaire de la Banque centrale ne signifie pas l'isolement, et c'est une des richesses de ce métier que de toujours rechercher la discussion, avec des économistes mais de plus en plus avec l'opinion publique. Être bien compris des ménages et des entreprises est même une condition d'efficacité de notre politique. Ce sont eux en effet qui *in fine* fixent les prix et les salaires dans l'économie. Nous devons les écouter, notamment en mesurant leurs propres anticipations d'inflation. Et nous devons en parallèle mieux leur parler sur notre objectif : ils nous croient sur l'impératif d'éviter les deux maladies opposées que sont l'inflation trop forte ou la déflation ; mais reconnaissons qu'ils sont aujourd'hui moins convaincus que les économistes de la nécessité de passer de 1 à 2 % de hausse des prix, même s'ils souhaitent naturellement une hausse des salaires.

Je crois aux analyses et théories économiques ; mais je crois aussi qu'elles ne changent le réel que si elles sont comprises, acceptées, intégrées par le sens commun de l'opinion. Nous allons, en parallèle aux efforts de la Banque du Canada par exemple et dans le cadre de l'Eurosystème, développer nationalement et dans les régions tout un programme « la Banque de France à votre écoute ». C'est une ambition simple et forte de communication, dans le sens le plus actif du terme : la pédagogie certes – pour que la politique monétaire sorte de son obscurité et de sa confidentialité pour *happy few* ; mais tout autant l'écoute des questions et attentes des Français. C'est aussi notre responsabilité démocratique.

Par rapport aux faits également, nous n'en avons pas et n'en aurons jamais fini avec les questions de politique monétaire. Pour n'en citer que trois aujourd'hui : nous devrons un jour sortir des mesures exceptionnelles de la crise, avec une *exit strategy* ; or les banques centrales ont jusqu'à présent mieux su augmenter leurs bilans que les réduire. Nous devons ensuite assurer la compatibilité entre la stabilité des prix – qui exige aujourd'hui une politique monétaire accommodante – et la stabilité financière – qui peut être fragilisée de ce fait. Enfin, il nous faudra de plus en plus intégrer, au-delà des cycles conjoncturels que nous gérons traditionnellement, de profonds changements structurels, davantage que la Fed ne l'a fait dans sa propre revue : le défi du changement climatique n'est pas le moindre, j'y reviendrai au chapitre 6.

CHAPITRE 3

En finance, réconcilier stabilité et innovation[1]

Garantir un système financier solide, c'est une dimension essentielle de la confiance, et donc une mission clé de la Banque de France et de son autorité sœur, l'Autorité de contrôle prudentiel et de résolution (ACPR) : ce nom un peu technique abrite l'ancienne Commission bancaire, regroupée en 2010 avec l'Autorité de contrôle des assurances. Les débordements de la finance ayant provoqué la crise précédente en 2008-2009, ils ont heureusement suscité un renforcement des réglementations et du souci de stabilité financière : le bilan en la matière est beaucoup plus substantiel qu'on ne le croit souvent, et il vaut donc

1. Ce chapitre s'appuie notamment sur les interventions faites devant l'Académie des sciences morales et politiques en novembre 2017 ; devant l'Assemblée générale des Volksbanken à Francfort en novembre 2019 ; à la rencontre de l'ACPR sur l'innovation ; devant l'Autorité de la concurrence, à l'automne 2019 et lors de la conférence de l'ACPR en novembre 2020.

d'y revenir. Ce d'autant plus que la tentation de l'oubli menaçait encore en 2019, avec aux États-Unis comme en Europe des appels pressants à la déréglementation. La crise Covid a eu au moins l'effet positif de réduire ce débat médiocre, mais je reste très vigilant face au retour d'une petite musique « anti-Bâle III » de la part de banques françaises. Ces règles n'empêchent en rien la croissance du crédit, et ont permis aux institutions financières d'aborder la crise dans une position globalement solide. On a cette fois évité, à ce stade, qu'une crise financière ne vienne redoubler la crise sanitaire et économique.

Il n'y a pour autant nulle place pour une autosatisfaction complaisante. D'abord parce que c'est la nature même d'un superviseur que de rester en permanence en alerte. Ensuite, parce que le défi de la nouvelle décennie sera au moins autant l'accélération des innovations. La numérisation change tout : depuis longtemps, nous n'allons plus guère dans nos agences bancaires. Mais demain la révolution portera sur les acteurs eux-mêmes – les Fintechs mais surtout les Bigtechs, de Facebook à Tencent, tentées de devenir « Bigfins » –, sur les paiements – dont l'érosion accélérée des espèces –, voire sur la monnaie que certains voudraient privatiser. Réconcilier stabilité financière et innovations de rupture semble être un oxymore, mais c'est notre mission.

La stabilité financière, au cœur des missions de la Banque de France

Il faut le rappeler : la finance est un formidable instrument du progrès économique, décisif dans le décollage du capitalisme européen puis mondial depuis le XVIe siècle. Pour soutenir le commerce d'abord, l'investissement ensuite, l'innovation aujourd'hui – et ainsi la croissance –, il est bien évidemment indispensable de créer des conditions propices au financement de l'économie et à des institutions financières solides.

De nombreux travaux académiques[1] confirment que la finance contribue positivement à la croissance économique car elle réduit les coûts de transaction et d'information et permet une meilleure allocation du capital. On estime par exemple qu'entre 1960 et 1995, certains pays en développement auraient pu connaître des taux de croissance du PIB supérieurs de 0,4 à 1 point de PIB par an si leur système financier avait été davantage développé[2]. Certains auteurs

1. T. Beck, T. Chen, C. Lin et F. M. Song, « Financial innovation : The bright and the dark sides », *Journal of Banking and Finance*, 2016, 72, p. 28-51.
2. *Cf.* notamment : R. Levine, N. Loayza, T. Beck, « Financial intermediation and growth : Causality and cause », *Journal of Monetary Economics*, août 2000, 46 (1), p. 31-77.

vont même jusqu'à affirmer qu'il serait préférable de laisser jouer les forces du marché sans se soucier de l'apparition de bulles ou de déséquilibres financiers, qui se résorberaient par eux-mêmes. Les crises financières seraient alors simplement le prix à payer à court terme pour une croissance plus forte à moyen ou long terme. Les conclusions de ces travaux sont trop radicales, à l'évidence : elles feraient de la finance le maître de l'économie et non un instrument à son service, un instrument subordonné à une finalité, celle du travail et du progrès des hommes.

Comme toute activité humaine en effet, la finance n'est pas à l'abri d'excès ni de limites. Des études[1] ont mis en évidence l'instabilité intrinsèque du système financier. L'existence de comportements de prise de risque excessive, de « myopie face au désastre[2] », ou la possibilité de paniques bancaires sont autant d'exemples de défaillances de marché ou d'externalités négatives qui justifient l'intervention publique et la régulation financière. De même, certains indicateurs, qui sont initialement des signes de développement économique, peuvent par excès traduire un emballement du système financier, potentiellement déstabilisateur pour

1. T. Philippon et A. Reshef, « An international look at growth of modern finance », *Journal of Economic Perspectives*, 2013, 27, p. 73-96. S. Cecchetti et E. Kharroubi, « Why does financial sector growth crowd out real economic growth », *BIS Working Papers*, 2015, 490.
2. J. Guttentag et R. Herring, « Disaster myopia in international banking », *Essays in International Finance*, 1986, n° 164.

la croissance. Ainsi, il est couramment admis qu'un volume de dettes – publiques comme privées – trop élevé par rapport au produit intérieur brut aurait un impact négatif sur la croissance à long terme[1]. La réglementation peut et doit jouer un rôle protecteur, en fixant certaines limites en amont et en renforçant les capacités de résistance aux impacts déstabilisateurs en aval. Un Rabelais du XXIe siècle dirait sans doute que finance sans conscience n'est que ruine de l'âme. En tout cas, une finance sans règles peut être ruine de l'économie.

La régulation financière apparaît en effet d'autant plus nécessaire que les crises financières ont des coûts économiques et sociaux souvent considérables, avec des répercussions profondes et durables. Une étude de 2013[2], qui répertorie 147 crises bancaires entre 1970 et 2011, évalue la perte cumulée médiane de la production à environ 23 % du PIB entre le pic d'activité précédant la crise et les trois années qui suivent. En outre, au-delà des effets immédiats, les crises financières réduisent le potentiel de croissance de l'économie à long terme : les entreprises limitent en effet leurs investissements en recherche et développement,

1. *Cf.* notamment J.-L. Arcand, E. Berkes et U. Panizza, « Too much finance ? », *Journal of Economic Growth*, 2015, 20, p. 105-148.
2. L. Laeven et F. Valencia, « Systemic banking crises database », *IMF Economic Review*, 2013, 61 (2), cité par T. Bennani, L. Clerc, V. Coudert, M. Dujardin et J. Idier, *Politique macroprudentielle. Prévenir le risque systémique et assurer la stabilité financière*, Pearson, 2017, p. 118.

en capital et en infrastructures, ce qui entraîne une baisse de la productivité et un ralentissement du progrès technologique.

La régulation financière après la crise de 2007-2009

Parmi les crises financières de l'histoire, est-il besoin de rappeler les conséquences désastreuses provoquées par la crise de 2007-2009 sur l'économie réelle, les drames sociaux, et la fragmentation démocratique avec la montée des populismes ? La stabilité financière est un bien commun sur lequel il est essentiel de veiller. Nous nous y sommes résolument engagés, au sein des instances internationales qui ont coordonné les réformes financières après la crise.

Dès 2009, les leaders du G20, réunis à Londres puis à Pittsburgh, s'étaient hissés à la hauteur de leur mission historique et avaient fixé un agenda ambitieux de coopération internationale. Les premières phrases du communiqué du sommet de Londres sont d'une clarté hélas rare dans les communiqués internationaux, et méritent encore d'être citées aujourd'hui : « Une crise globale nécessite une solution globale [...]. Nous pensons que la seule fondation sûre d'une mondialisation soutenable et de l'augmentation de la prospérité pour tous est une économie ouverte fondée sur le principe de marché, une régulation efficace et des institutions mondiales solides. Nous nous sommes par conséquent engagés à faire tout le nécessaire pour : rétablir la confiance, la croissance et l'emploi ; réparer le système financier pour restaurer les flux normaux de crédit ; renforcer les réglementations financières. »

Cet effort réglementaire sans précédent a concerné l'ensemble des acteurs du système financier. Quatre objectifs principaux avaient été fixés : (i) rendre les institutions financières plus « résilientes », c'est-à-dire plus solides et plus résistantes face aux crises ; (ii) mettre fin au problème des institutions financières considérées comme « trop grandes pour faire faillite » – *too big to fail* en anglais – qui bénéficiaient implicitement d'une garantie de renflouement par les États ; (iii) rendre les marchés de produits dérivés de gré à gré plus sûrs grâce notamment à leur compensation centralisée ; (iv) et transformer les activités de marché non régulées, le *shadow banking* (ou secteur financier parallèle), en financement sain de marché. La déclinaison opérationnelle de ces orientations prioritaires a été confiée, sur le plan international, au Conseil de stabilité financière (FSB en anglais) ainsi qu'au « Comité de Bâle », où la Banque de France et l'ACPR sont actives. Bâle est en effet la ville de beaucoup de nos réunions internationales.

Des institutions financières plus solides et résilientes

Ces quatre objectifs du G20 ont, bien qu'inégalement, tous significativement progressé depuis 2010 : c'est sur le *shadow banking* qu'il y a eu le moins d'avancées, et qu'il va falloir accélérer après la crise de 2020. À l'inverse, le premier objectif de renforcement des institutions financières a incontestablement vu de forts résultats. Les accords de Bâle III, adoptés en 2010 et renforcés en 2017, augmentent le niveau et la qualité des fonds propres pour le secteur bancaire ; ils introduisent aussi deux nouveaux ratios de liquidité, sur la trésorerie des banques. Le ratio de fonds propres durs (*common equity tier 1* ou CET1) des principales banques opérant à l'échelle internationale a augmenté de 5 points de pourcentage depuis 2011, passant de 7,3 % fin 2011 à 12,7 % en juin 2019. Quant aux principales banques françaises, leurs fonds propres ont plus que doublé depuis la crise : leur ratio de capital (CET1) atteint 14,6 % au troisième trimestre 2020 contre 5,8 % en 2008. Pour le dire autrement, les banques françaises ont fait depuis douze ans un chemin en capital plus de deux fois plus important que celui qu'elles avaient fait jusque-là en plus d'un siècle, pour la plupart d'entre elles. Le secteur de l'assurance a également vu ses exigences renforcées avec l'entrée en application du nouveau cadre réglementaire issu de la directive Solvabilité II, début 2016 en Europe.

LE DÉPLOIEMENT DE LA POLITIQUE « MACROPRUDENTIELLE »

Ces différents outils, dits « microprudentiels » parce qu'ils visent à réduire les risques individuels auxquels s'exposent les institutions financières, ont été complétés par des outils dits « macroprudentiels », centrés sur la stabilité du système financier dans son ensemble. En France, ce développement s'est traduit par la création dans la loi bancaire de 2013 du Haut Conseil de stabilité financière (HCSF), présidé par le ministre des Finances, avec un rôle actif de la Banque de France. Ce Haut Conseil se réunit une fois par trimestre, avec huit membres dont trois économistes indépendants. Il porte un diagnostic sur le risque d'éventuelles « bulles » financières ; il a le pouvoir d'activer, si nécessaire, un ensemble de mesures macroprudentielles, telles qu'une fixation plus stricte des conditions d'octroi de crédit. Nous l'avons décidé, sur ma proposition, en décembre 2019 puis précisé en décembre 2020 pour le crédit immobilier, face à des dérives préoccupantes de la charge de remboursement et de la durée des crédits. Grâce à cette action, cette durée et les taux d'effort des crédits immobiliers ont commencé à être maîtrisés. Ces décisions sont rarement populaires : le régulateur apparaît alors comme celui qui « interrompt la fête » quand elle bat son plein. Mais si nous n'intervenons pas à temps, les dommages de la crise financière qui suit sont bien pires. Trouver le bon timing, et toujours rester vigilants surtout quand tout paraît aller bien depuis longtemps, sont les deux clés de notre métier.

Maintenant, bien gérer la révolution numérique

Le défi de la solidité financière demeure. Mais plus en prospective, les institutions financières – banques comme assurances – sont confrontées à un autre défi existentiel, celui de leur mutation numérique.

La révolution numérique bouleverse les usages en matière de paiement, de financement, d'investissement et bénéficie avant tout aux consommateurs. Les Fintechs ont été les premiers acteurs de ce bouleversement. Comment pourrait-on se passer aujourd'hui des cagnottes en ligne pour les événements, des agrégateurs d'informations sur les comptes bancaires ou encore des services de paiement entre particuliers pour partager des factures de restaurant ou des frais de colocation ? Steve Jobs avait utilisé ce mantra bien connu : « *Simplicity is the ultimate sophistication* » ; toutes ces innovations ont su répondre simplement, et souvent à moindre coût, aux besoins et aux nouveaux usages des clients.

Le modèle d'activité des Fintechs constitue en outre un défi stratégique pour l'intermédiation des banques existantes, qui offrent habituellement l'ensemble des services bancaires. La stratégie des Fintechs, qui se concentre sur un marché de niche, se fonde à l'inverse sur la dissociation des activités de la banque universelle traditionnelle en une série de fonctions distinctes, telles que l'acheminement des paiements, la fourniture de financements, le partage des risques et la répartition des capitaux. Ces mutations technologiques entraînent une concurrence plus vive dans le secteur financier : Internet et les smartphones ont réduit les coûts de distribution ; le big data, lui, a réduit les coûts de production.

Mais la vraie rupture vient, va venir, de l'arrivée des Bigtechs, les grandes plateformes américaines voire chinoises, de Google à Alipay. Contrairement aux Fintechs – qui n'ont pas de ressources en capital suffisantes pour déstabiliser les banques –, les Bigtechs disposent du potentiel nécessaire pour redéfinir fondamentalement l'intermédiation financière. Elles bénéficient d'avantages compétitifs incomparables pour étendre leurs activités tous azimuts, y compris dans les services financiers si elles le jugent pertinent du point de vue de leur stratégie : accès privilégié aux nouvelles technologies, capacité d'investissement unique, clientèle déjà constituée à l'échelle mondiale. Elles ont des marques universellement connues et offrent une expérience client extrêmement appréciée.

Pour les acteurs en place, l'innovation est la seule riposte efficace. La solution aux défis bancaires ne peut pas être la protection par le régulateur des situations établies. L'adaptation à ce nouvel écosystème nécessite de gros investissements de la part des banques pour fournir un service toujours plus adapté aux clients. La transformation numérique passe également par une démarche d'ouverture, avec des partenariats avec des Fintechs et le monde scientifique.

Un enjeu particulièrement décisif : les paiements

Dans l'industrie bancaire, les paiements ont longtemps été considérés comme une affaire de spécialistes, les « monéticiens », voués à des opérations techniques fastidieuses de *back-office*. Ce n'est plus du tout le cas. Les paiements sont innovants et fournissent deux actifs stratégiques : les données, et une relation client quotidienne. Or la réalité, c'est que le marché européen des paiements est déjà dominé par des acteurs non européens comme Visa et Mastercard, avant même le rôle croissant des entreprises numériques non européennes. Malgré la créativité de l'écosystème européen des paiements, notre marché reste trop fragmenté. Il ne nous reste plus beaucoup de temps, mais les régulateurs

– à commencer par la Banque de France – et les acteurs du marché doivent travailler main dans la main pour créer une dynamique.

Nous ne partons pas de rien. S'agissant des paiements de détail, l'espace unique de paiement en euros (*single euro payments area*, SEPA) est une réussite. S'agissant des infrastructures, l'Eurosystème a investi lourdement afin de renforcer leur intégration à l'échelle européenne, notamment grâce à la plateforme Target et sa jumelle sur les titres (T2S).

Mais il faut encore accroître la convergence, face à l'influence croissante des grandes entreprises de pays tiers. Les acteurs privés restent en Europe trop limités à des schémas de règlement nationaux, comme le GIE[1] Carte bancaire en France ou Girocard en Allemagne. Afin de préserver notre souveraineté, tout en répondant au besoin croissant de solutions internationales, une stratégie commune des banques est indispensable, promouvant des solutions européennes unifiées pour les paiements de détail. Un modèle existe heureusement depuis juillet 2020 : c'est le projet EPI (*European Payment Initiative*) regroupant aujourd'hui une trentaine de banques européennes. Il faut maintenant, d'ici deux ans, réussir la réalisation. L'Eurosystème saura apporter tout le soutien nécessaire le moment venu. Cette solution paneuropéenne

1. Groupement d'intérêt économique.

serait une avancée majeure pour relever les défis posés par les Bigtechs ; bien plus, cette unité – difficile comme toujours à bâtir – est la condition de la survie des banques européennes dans le secteur clé des paiements.

Un autre chantier de taille est devant nous : réduire le coût et accroître la rapidité d'exécution des paiements transfrontaliers, en dehors de la zone euro. L'enjeu est ici mondial : pour ne citer qu'un exemple, les transferts de fonds des travailleurs immigrés au Nord vers leurs pays d'origine au Sud restent partout excessivement chers et lents, au seul profit de quelques sociétés spécialisées. Il faut viser notamment l'harmonisation des standards techniques utilisés pour les transferts de fonds mais aussi une meilleure interopérabilité entre les différents systèmes et solutions de paiement. Chantier austère, que nous menons dans le cadre du G20, mais sur lequel nous avons une obligation de résultat. Sinon, nous maintiendrons un état de fait injuste et inefficace, et nous ouvrirons sans doute un boulevard à Libra et ses proches (*cf. infra*).

La nécessaire adaptation de la réglementation et de la supervision

De son côté, le régulateur que nous sommes fait aussi face à de nouveaux défis. Avec l'émergence de la finance numérique, la réglementation et la supervision doivent répondre à un double impératif : s'adapter pour ne pas brider l'innovation, mais continuer à garantir un haut niveau de sécurité des transactions et de protection des consommateurs.

Traditionnellement, la réglementation financière est technologiquement neutre et il faut s'en féliciter quant à l'égalité de traitement entre les acteurs. « Même activité, même règle » : ce premier impératif évident subsiste. Toutefois, le défi posé aujourd'hui aux superviseurs par les Bigtechs dépasse la réglementation traditionnelle.

LES TROIS PIERRES ANGULAIRES/EXIGENCES DE LA RÉGLEMENTATION DE LA FINANCE NUMÉRIQUE

L'arrivée des Bigtechs dans les services financiers est en route, des américains Apple Pay ou Google Pay jusqu'au chinois Alipay. Elle nécessite de renforcer nos modalités de régulation et de supervision dans trois domaines essentiels : la concurrence, la cybersécurité et la protection des données.

Les problématiques sont d'abord majeures en matière de **concurrence** – et elles ne sont, du reste, pas spécifiques aux services financiers. Les Bigtechs sont incontournables en tant que fournisseurs de solutions essentielles. Prenons l'exemple du marché du *cloud*, qui est dominé par trois ou quatre acteurs, dont le premier

– Amazon Web Services – contrôle, à lui seul, plus d'un tiers des parts de marché[1].

Les Bigtechs cherchent à se positionner comme point d'accès incontournable aux données et aux clients, ou les deux. Dans chacune de ces situations, elles contribuent à créer ou à exacerber une structure de marché qui favorise un petit nombre d'acteurs qui s'imposeront rapidement au détriment de tous les autres (*the winner takes most*) et installent des pratiques tarifaires fortement déséquilibrées. Compte tenu de leur taille et de leur puissance, elles peuvent, dans ce contexte, fixer les prix de leurs services en fonction de leur positionnement particulier, ou concevoir stratégiquement leur activité de manière à capturer l'essentiel de la marge tout en laissant à leurs « partenaires » ou à leurs « clients » le soin (et le coût) de se conformer à la réglementation.

Face à ces risques de positions dominantes, notre plus grand challenge réside dans l'évolution – indispensable – de nos modes de régulation. Les banques centrales et les régulateurs financiers d'un côté, les autorités de la concurrence de l'autre, deviennent mutuellement dépendants : il nous faut collaborer plus étroitement au niveau international afin d'adopter l'approche la plus complète et transversale possible au-delà des frontières géographiques et des périmètres réglementaires.

1. M. Broersma, « Amazon surges past $1tn mark once again on strong earnings », 3 février 2020.

Notre deuxième défi, la **cybersécurité**, est une condition *sine qua non* pour un avenir numérique sûr et pérenne. Les Bigtechs reposent sur des infrastructures informatiques qui sont autant de nœuds systémiques dans le système financier. La migration croissante de fonctions financières essentielles vers le *cloud* public – c'est-à-dire sans hébergement en propre de *data centers* – est un enjeu essentiel. Les fournisseurs de *cloud* ne sont pas réglementés et demeurent hors de portée des superviseurs, ce qui est susceptible de constituer un point de défaillance systémique pour tous leurs clients.

Enfin, les questions relatives aux **données** des consommateurs sont également devenues centrales pour les services financiers. Il faut changer notre regard sur ce qui crée de la valeur dans le système financier. Traditionnellement, les systèmes financiers intermédient de l'argent, ils transforment de l'épargne en crédit à travers la gestion des risques. Ce rôle subsiste ; mais le système financier, en plus de gérer de l'argent, gère des données. Les Bigtechs disposent d'un accès très large à celles de leurs utilisateurs, venant des réseaux sociaux, des habitudes d'achat, des requêtes de recherche, des données financières et des transactions. Pour ce faire, les superviseurs financiers et les autorités chargées du respect de la vie privée doivent inventer de nouveaux modes de coopération.

Il n'est pas besoin de rappeler qu'en matière de fiscalité des activités numériques, la coopération est également essentielle, autour des travaux de l'OCDE pour dépasser les réticences américaines. Tous ces sujets ont en commun une novation par rapport à la priorité de la précédente décennie : ils dépassent la réglementation financière traditionnelle et la seule compétence des banques centrales et régulateurs. Ils appellent donc une organisation internationale élargie : autant la coopération entre autorités financières est ancienne, renforcée au fil des crises et singulièrement celle de 2009, et globalement efficace, autant cette coopération est quasi inexistante en matière de concurrence, de cybersécurité ou de protection des données. Le défi est de coopérer non seulement transfrontières, mais « transmatières », entre autorités à champ différent. Mais s'ils ne font pas ce saut quantique dans la prochaine décennie, les États et les autorités publiques accepteront d'abdiquer face à la puissance montante des Bigtechs privées. La position américaine sera décisive, bien entendu.

Sur un plan national, la révolution numérique nous met par ailleurs face au besoin manifeste de réinventer nos pratiques afin d'appréhender concrètement les technologies derrière ces innovations financières. C'est précisément ce à quoi s'engage l'ACPR depuis 2016 avec la création du pôle Fintech-Innovation qui constitue un point d'entrée unique pour les porteurs de projets innovants. L'ACPR et plus largement la Banque de France développent en outre activement la Suptech et la Regtech : un superviseur et un régulateur augmentés, notamment de toutes les ressources de l'intelligence artificielle.

Face au défi de « monnaies privées », l'accélération des banques centrales

De (presque) toute éternité, la monnaie est un attribut du souverain : son effigie figure sur les pièces d'or et d'argent à l'époque des monnaies métalliques ; sa signature ou celle de ses représentants – les banques centrales – authentifie plus tard les billets. Et ce pour deux raisons complémentaires : il y a là un pouvoir essentiel, celui de « battre monnaie » ; et il y a une exigence de confiance que seule l'autorité publique légitime peut garantir durablement sur le territoire où la monnaie a cours légal. L'histoire a vu cependant de nombreuses tentatives de « monnaie privée » : du système de Law en France en 1720 aux monnaies émises par des banques privées aux États-Unis tout au long du XIXe siècle, toutes se sont à ce jour terminées par des crises de confiance retentissantes. Aujourd'hui, tous les pays voient coexister une « monnaie de banque centrale » – les billets – et une monnaie émise par les banques commerciales – les dépôts des particuliers ou entreprises –, mais qui n'inspire confiance que parce qu'elle est adossée à la banque centrale, via une garantie publique des dépôts et l'accès au refinancement. Dans aucun pays moderne, il n'est de monnaie, ni d'émission monétaire, sans garantie publique.

C'est ici que survient la rupture technologique représentée par les « cryptomonnaies », du bitcoin au libra de Facebook – rebaptisé « Diem » –, et leur prétention nouvelle à émettre une monnaie privée. Ce terme même de « cryptomonnaie » est abusif ; aucun de ces *coins* ou « jetons » n'assure les trois fonctions traditionnelles de la monnaie, attribuées généralement à Aristote : unité de compte, réserve de valeur et instrument de paiement. Il est donc plus juste de parler de « cryptoactifs », et de bien distinguer entre deux catégories. Les premiers cryptoactifs tels que les bitcoins sont purement spéculatifs, très volatils, sans réel sous-jacent économique : personne n'est responsable de leur valeur. Chacun y investit à ses risques et périls, et ils sont peut-être sans grande perspective. La première fois que j'ai dit ces évidences, depuis Pékin en décembre 2017, je me suis dans la demi-heure fait traiter sur les réseaux sociaux de « buse médiévale » (*sic*). J'avais touché de puissants intérêts financiers, et j'assume.

Désormais arrive une seconde génération d'actifs, fondés sur la même technologie *blockchain* prometteuse, mais assortis de mécanismes destinés à stabiliser leur valeur, les *stablecoins*. Le plus connu, mais non le seul, est le Libra soutenu par Facebook, annoncé en juin 2019 et discrètement modifié en 2020 : sa valeur serait fixe et égale à 1 dollar (Libra$), 1 euro (Libra€) ou à d'autres monnaies internationales. Fort du réseau de Facebook et de la technologie embarquée (la *blockchain* permet au-delà d'un simple montant d'inclure des *smart contracts* – contrats intelligents – avec les informations jointes), il pourrait circuler entre les 2,7 milliards de membres du réseau social beaucoup plus facilement qu'une monnaie traditionnelle : il serait donc au moins un moyen de transaction. Ces *stable-coins* pourraient ainsi apporter une solution concrète en matière de paiements transfrontières qui sont, je l'ai dit, encore trop chers et trop lents. Mais – et c'est l'autre face de la médaille – ces projets de cryptoactifs, qui auraient une vocation mondiale, sont également générateurs de risques de conformité financiers et politiques très importants. Qu'on pense notamment au blanchiment d'argent et au terrorisme qui pourraient ainsi trouver de nouveaux canaux de financement, ou à ceux – plus systémiques – qui pèsent sur la stabilité financière.

Il est bien sûr exclu, pour nous, banquiers centraux et superviseurs, de subir ces changements. Nous devons assumer pleinement le double objectif – garantir la confiance/soutenir l'innovation – qui est inscrit dans notre ADN même. Nous nous engageons d'abord à garantir la confiance – cela au niveau mondial – par une action forte et coordonnée. La présidence française du G7 avait réagi vite et fort en juin 2019 : nous avions avec Bruno Le Maire confié dès le lendemain de l'annonce du projet Libra un mandat à Benoît Cœuré, alors membre français du directoire de la BCE et président du Comité international sur les paiements et les infrastructures de marché (CPMI en anglais). Nous y avions consacré deux heures de débat intense et convergent dans notre réunion au château de Chantilly en juillet. Le rapport du G7[1] – établi en quatre mois et publié en octobre 2019 – procède à une évaluation complète des risques associés aux *stablecoins*, à la fois sous l'angle microéconomique en matière de lutte antiblanchiment et de protection du consommateur, mais aussi macroéconomique pour la stabilité financière. Il est très souhaitable que ces principes maintenant repris au niveau du G20 soient traduits dans toutes les législations nationales : une question aussi lourde ne peut être laissée au hasard des « maillons faibles » de la planète financière, qui seraient plus accueillants parce que moins regardants. Pour la régulation européenne, la Commission vient en septembre 2020 de proposer son projet de directive baptisé MiCA (*Markets in Crypto-assets*).

1. G7 Working Group on Stablecoins, « Investigating the impact of global stablecoins », octobre 2019.

La création éventuelle d'une monnaie numérique de banque centrale

Au-delà de notre travail classique de réglementation, nous accélérons notre réflexion sur le lancement d'une monnaie numérique de banque centrale (MNBC). Jusqu'à présent en effet, la seule monnaie de banque centrale directement accessible aux particuliers et entreprises est la monnaie *fiduciaire*, les billets ; l'idée pourrait être d'offrir à chacun la possibilité de détenir une certaine quantité de monnaie électronique, numérique, directement inscrite au bilan de la Banque centrale et aussi solide que celui-ci : un *e-euro,* en quelque sorte, reconnu partout et exempt des risques associés aux différentes banques commerciales, fussent-ils très faibles.

Ici commencent les questions, et d'abord sur le *pourquoi*. La création d'une nouvelle forme de monnaie dépasse les enjeux associés aux paiements : elle n'est pas une condition – ni préalable ni suffisante – à des paiements plus efficaces. Mais les banques centrales doivent et veulent saisir cette injonction à l'innovation alors que les initiatives privées et la technologie accélèrent, et que la demande publique et politique s'amplifie. D'autres pays ont ouvert la voie ; à nous désormais d'apporter notre pierre à l'édifice de façon ambitieuse et méthodique. Sur le fond, deux dimensions guident notre réflexion : les finalités et les modalités possibles d'une telle monnaie numérique de banque centrale.

Il y aurait à ce stade trois *finalités* différentes – mais non exclusives les unes des autres – à la numérisation de la monnaie de banque centrale. La première tient à la volonté, dans les pays comme la Suède où l'utilisation des espèces est en fort déclin, de garantir l'accès des citoyens à la monnaie de banque centrale. Disposer d'une MNBC permettrait alors de préserver la confiance dans le système financier qui résulte en partie de la possibilité d'échanger ses avoirs contre de la monnaie légale. La deuxième raison, moins grand public, porte sur les gains d'efficacité, la réduction des coûts et la robustesse potentiellement générés par la « tokénisation » de la monnaie centrale notamment dans les activités de règlement et de postmarché entre institutions financières (objectif également visé par le projet privé JPM Coin de la banque JP Morgan). Enfin, troisième finalité – la plus importante pour les autorités politiques, y compris en France et en Europe –, la mise en place d'une MNBC permettrait de disposer d'un puissant levier d'affirmation de souveraineté face aux initiatives privées du type Libra. C'est d'ailleurs l'une des préoccupations mises en avant par la Banque centrale chinoise dans son projet testé désormais dans quatre villes.

Dans un tel contexte, quelle *forme* donner à la MNBC ? En la matière, les attentes du grand public diffèrent sensiblement de celles des institutions financières. Deux usages différents de MNBC pourraient donc à terme se côtoyer, l'un destiné aux paiements entre acteurs du secteur financier (monnaie dite « de gros ») utilisant la *blockchain* et toutes ses possibilités, l'autre destiné au public (monnaie dite « de détail »), plus simple et mieux à même de traiter des opérations de masse. Cette seconde forme tend à éclipser la monnaie de gros, même si les institutions financières disposent d'un niveau de maturité numérique plus élevé puisqu'elles accèdent déjà à la monnaie centrale sous cette forme grâce à leurs comptes à la banque centrale. Même si la monnaie numérique de détail a une grande capacité d'attraction, une précision me paraît essentielle : elle ne se substituera pas au cash, aux billets et aux pièces, dont nous maintiendrons la production et l'accessibilité pour tous. L'usage du cash s'érode certes régulièrement, mais il représente encore une grosse moitié du nombre de transactions en France, et est particulièrement important pour nos concitoyens plus âgés ou à revenus plus modestes. Et fondamentalement, la Banque de France garantira durablement le libre choix des moyens de paiement, qui ancre la confiance dans la monnaie.

L'émission d'une MNBC peut générer des externalités positives significatives en accroissant la productivité du secteur financier et au-delà de l'économie, et en soutenant la confiance dans la monnaie et le système financier. Mais sur les *modalités*, il nous faut absolument étudier les externalités potentiellement négatives qu'une MNBC pourrait avoir sur la liquidité, la rentabilité et l'intermédiation bancaires. Les risques associés aux conversions importantes et/ou soudaines de dépôts bancaires vers la monnaie centrale devront, à ce titre, être strictement encadrés : on aura toujours besoin de dépôts en banques commerciales, et le montant de MNBC disponible pourrait être plafonné pour chacun. Par ailleurs, grâce à un savoir-faire éprouvé en matière d'instruments de paiement, de connaissance de la clientèle et de suivi des transactions, les intermédiaires financiers pourraient jouer le rôle clé dans la distribution de la MNBC. Une réflexion parallèle devra nécessairement être engagée pour définir les possibilités d'anonymat lorsque la MNBC circule « de personne à personne ». Des seuils sur les montants de transactions anonymes, comme cela se fait déjà en France pour les paiements en monnaie électronique ou en cash, pourraient être instaurés dans ce but.

La BCE a lancé début 2020 une *task force* de haut niveau sur une éventuelle MNBC, et a publié ses conclusions en octobre. La Banque de France est en pointe au sein de l'Eurosystème, en ayant annoncé l'été dernier le lancement de huit expérimentations[1].

1. Liste des candidatures retenues pour les expérimentations de monnaie numérique de banque centrale (MNBC), communiqué de presse Banque de France, 20 juillet 2020.

Rien n'est fait, mais tout s'accélère : la technologie, l'attente des responsables politiques et possiblement des citoyens, et l'émulation internationale. L'Eurosystème ne se laissera pas reléguer en queue de peloton sur ce sujet, face aux travaux de la Chine, de la Suède, ou des économies innovantes d'Asie comme Singapour, et ce même si la Fed américaine apparaît aujourd'hui encore relativement en retrait. *A fortiori* si on garde en tête la provocation utile de l'ancien gouverneur de la Banque d'Angleterre, Mark Carney, s'interrogeant à l'été 2019 sur l'opportunité de créer une monnaie numérique internationale en réponse à la position dominante du dollar[1].

⁂

L'innovation aujourd'hui, sans doute plus que dans d'autres périodes de l'histoire, est de nature à modifier en profondeur les activités bancaires. Il ne s'agit plus simplement de transformer les paiements, c'est la monnaie elle-même qui est mise en cause. La Banque de France, comme elle le fait depuis plus de deux cents ans, entend accompagner ces évolutions et adapter son propre fonctionnement à ce changement de paradigme. Mais elle le fera en veillant à ce que la confiance, qui est essentielle à l'innovation, soit

1. M. Carney, « The growing challenges for monetary policy in the current international monetary and financial system », discours au symposium Jackson Hole, 23 août 2019.

doublement préservée. Confiance vis-à-vis de la monnaie d'abord : chacun sera libre de choisir son support, y compris encore des espèces. Confiance également dans la capacité des institutions financières à financer solidement et durablement l'économie.

CHAPITRE 4

L'Europe, notre souveraineté économique dans un monde divisé[1]

Encore l'Europe, malgré ses déceptions ? Rarement notre Europe est apparue à la fois aussi nécessaire et aussi éclatée. Je suis un responsable français et européen, j'étais à Maastricht il y a trente ans pour lancer l'euro ; je participe au Conseil des gouverneurs de la BCE qui le gère. J'assume cette conviction européenne, et celle que le travail commun entre la France et l'Allemagne est un moteur indispensable, même s'il n'est jamais suffisant. Il y a trente ans, la chute du mur de Berlin et la réunification allemande insufflaient un nouvel élan à la construction

1. Ce chapitre fait appel notamment à ma tribune commune avec J. Weidmann, président de la Bundesbank en février 2016 ; aux discours de Bruxelles et de Madrid la même année ; à l'intervention à l'université LUISS à Rome en novembre 2018 ; à la « Lettre au Président de la République » sur les vingt ans de l'euro publiée par la Banque de France en avril 2019 ; au discours Eurofi à Bucarest à la même date ; au discours à l'Académie de Berlin en septembre 2020 et au Bulletin de la Banque de France sur le rôle international de l'euro publié en 2020.

européenne. Mais force est de constater qu'aujourd'hui, l'Europe semble en repli, sur la défensive, même si la crise Covid et l'accord de Bruxelles en juillet ont permis un beau sursaut. Certains remettent fondamentalement en question le projet européen ; le Brexit n'a pas fait école, mais l'enthousiasme s'est émoussé partout et les tendances nationalistes s'exacerbent dans plusieurs États membres, des Pays-Bas à l'Italie.

Mais oui, l'Europe, parce que dans les affrontements du monde de 2021, c'est illusion de prétendre que nos pays s'en sortiraient mieux seuls, et tous nos grands défis sont communs. Mais oui seulement si, au-delà d'une communauté réduite aux acquêts, nous avons bien l'ambition, l'audace, d'affirmer sur la scène globale une souveraineté européenne. Construire l'Europe reste un combat : non plus heureusement contre des forces de guerre séculaires, mais contre la tentation douillette d'une Europe *soft*, du pur droit et non du choix politique. Bref, vouloir une Europe souveraine et non suiveuse.

Affirmer une souveraineté européenne sur la scène mondiale

Ce mot même de souveraineté européenne est désormais cher aux Français et au président de la

République en particulier[1], mais soyons conscients qu'il est doublement piégé. D'abord parce que les « souverainistes » sont en France traditionnellement les anti-Europe, nationalistes. Et surtout parce que pour nombre de nos partenaires, cette « souveraineté européenne » sonne trop gaullienne voire militariste, et pas assez atlantiste et pacifique. Parlons s'il le faut d'autonomie stratégique européenne, comme l'a fait le Conseil européen début octobre 2020, mais ne lâchons pas le but : dans le monde présent, une Europe qui ne s'affirmerait pas davantage serait une Europe écrasée dans le jeu de plus en plus dur des autres puissances. Et concentrons-nous ici sur la dimension économique de cette souveraineté.

Deux grands types de défis menacent aujourd'hui la souveraineté économique européenne : les premiers sont liés aux décisions politiques (*man-made*) ; les seconds aux puissances technologiques qui émergent en dehors des États (*tech-made*). En tête des menaces d'ordre politique figurent les tensions protectionnistes nées aux États-Unis, mais aussi autour du Brexit. Elles pèsent sur l'ordre multilatéral et contribuaient déjà au ralentissement économique mondial bien avant le déclenchement de la crise Covid : entre janvier 2019 et janvier 2020, la prévision de

1. Sur la politique européenne d'Emmanuel Macron, *cf.* l'article éclairant de C. Beaune, « L'Europe, par-delà la Covid-19 » (*Politique étrangère*, été 2020).

croissance de la zone euro pour 2020 était passée de 1,7 à 1,1 %[1].

Ces pertes de croissance étaient intervenues avant même la hausse des tarifs, et ce pour une raison souvent sous-estimée : l'incertitude protectionniste réduit la confiance des entrepreneurs dans l'avenir et les conduit donc à différer leurs investissements. La crise Covid n'a fait qu'exacerber tant les tensions entre États-Unis et Chine – chacune des deux parties y trouvant ses petits avantages domestiques – que l'incertitude qui pèse sur l'investissement. L'Europe doit pouvoir recréer un espace de sécurité économique intérieure, sauf à subir paradoxalement plus que le reste du monde toutes ces turbulences qu'elle n'a pourtant en rien causées.

L'autre grand défi pour la souveraineté européenne est technologique. Des grandes entreprises numériques dont la puissance égale celle des États – les GAFA et autres Bigtechs –, aucune n'est européenne. Et l'Europe accuse un retard important d'investissement : en 2015, le stock de capital en technologies de l'information et de la communication (TIC) de la zone euro représentait 7,6 % du PIB contre 10,9 % aux États-Unis[2]. L'écart continue de se creuser puisque entre 2015 et 2018,

1. BCE, « Projections macroéconomiques », décembre 2018 et décembre 2019 (zone euro).
2. Capital TIC en valeur divisé par le PIB en valeur, ensemble de l'économie, en %. Source : G. Cette et O. Jullien de Pommerol, « Un épuisement des effets favorables des TIC sur la croissance ? », blog Banque de France, 18 octobre 2018, chiffres actualisés.

les États-Unis ont consacré en moyenne 1,4 % de leur PIB à l'investissement en équipement TIC contre 0,8 % seulement pour la zone euro[1].

Ce monde nouveau qu'envisagent les dirigeants américains et chinois ne sera cependant pas fatalement dominé par les deux superpuissances : la crise Covid a montré à quel point l'étroitesse de leurs vues empêchait l'une comme l'autre d'exercer un leadership mondial pourtant nécessaire. Il y a une place à prendre, et ce peut être la chance de l'Europe. Pour autant, j'avoue ne pas beaucoup aimer le débat simpliste entre « moins d'Europe » et « plus d'Europe ». Ce dont nous avons besoin, c'est d'une Europe qui parle moins et qui agit plus, qui se perd moins dans les détails et choisit ses priorités concrètes, qui fait « peu, bien, jusqu'au bout ». Une Europe des projets plus que des discussions institutionnelles. Il y a bien sûr des projets autres qu'économiques : pour en citer quelques-uns, la défense et la protection des frontières, le changement climatique ou l'éducation et la formation des jeunes – un programme Erasmus Pro devrait être une priorité pour mettre fin à ce drame de la jeunesse sans emploi ni diplôme.

Mais je crois fondamentalement que la puissance économique européenne se fonde sur un trépied sans équivalent au monde : le marché unique, la monnaie unique, le modèle social partagé. Et je suis frappé sur

1. OCDE.

chacun d'eux que les progrès *internes* – pour nos concitoyens et entreprises – précèdent, conditionnent leur capacité de projection *externe* : nous n'avons pas à choisir entre prospérité et souveraineté. La première ne sera durable que si elle est tenable dans la compétition internationale ; et nos prétentions internationales ne vaudront que si nos valeurs assurent le bien-être et la confiance des Européens eux-mêmes.

Sur le modèle social européen, je reviendrai plus tard. Mais des deux premiers composants du trépied, il est important de bien comprendre les succès, pour pouvoir en situer tout le potentiel encore inexploité. Nous partageons en Europe depuis 1993 un grand marché unique. C'est un formidable actif qui appartient collectivement à nos vingt-sept pays. L'accès au marché unique a ainsi fini par imposer des concessions anglaises dans l'accord Brexit de décembre dernier. La libre circulation au sein du marché unique est inséparable de son autre acquis, moins souvent cité : un corpus commun de règles, décrites à l'envi comme tatillonnes mais qui sont la base d'un pouvoir normatif européen. Et nous devons évidemment préserver la politique commerciale européenne unique si nous voulons continuer d'exister dans les négociations commerciales à venir dans le monde entier.

L'euro, un succès historique

Mais plus encore, c'est l'euro qui peut être une matrice fondatrice, fort déjà de son succès historique – avoir à dix-neuf créé une monnaie souveraine –, mais à condition de dépasser ses limites réelles. Vingt ans après, l'euro est devenu plus que notre monnaie : face à la montée des inquiétudes, un socle de stabilité et un patrimoine collectif qui est notre force.

La monnaie unique a été officiellement lancée en 1992, avec le traité de Maastricht, et a été introduite en 1999. J'ai vécu, avec beaucoup d'autres, cette décennie de négociations ; elle n'a pas toujours été un fleuve tranquille. Mais les dirigeants de l'époque voulaient réussir parce que Maastricht et l'euro font naturellement partie d'une histoire plus vaste : celle de la réussite remarquable de l'Europe pour passer de la guerre à la paix. Dès 1946, Josef Müller, figure majeure de la résistance allemande au nazisme et fondateur de la CSU bavaroise, reconnaissait que « nous avons besoin d'une monnaie européenne parce que les pays qui partagent une monnaie ne seront jamais en guerre ». De fait, l'euro nous a fourni un symbole fort d'unité entre les nations européennes. De douze au départ, le nombre de pays participants est passé à dix-neuf aujourd'hui. Sept pays supplémentaires ont décidé de rejoindre l'euro depuis 1999 – le dernier étant la Lituanie en 2015 – et aucun n'a souhaité le quitter. La Bulgarie et la Croatie ont, en juillet 2020, affiché leur ferme volonté de rejoindre l'Union monétaire d'ici deux ou trois ans.

Maastricht et l'euro s'inscrivent donc dans un élan historique, unique au monde, visant à passer de la guerre à la paix. Cet élan n'a, malheureusement, rien perdu de son actualité. Notre euro n'est pas un carcan imposé ou une utopie technocratique : c'est une décision démocratique et une monnaie toujours soutenue, à l'expérience, par une nette majorité des peuples. L'attachement des 340 millions de citoyens de la zone euro à leur monnaie reste élevé : 75 % la soutiennent, soit un niveau historiquement élevé. Et, en France, les soutiens sont aussi très majoritaires, à 72 %.

Au-delà de ses fondations politiques, l'édifice a aussi de solides charpentes économiques. On a un peu oublié aujourd'hui le débat passionné des économistes il y a trente ans, et le grand scepticisme de beaucoup d'Anglo-Saxons persuadés que l'euro ne se ferait pas, ou ne marcherait jamais. Le chercheur de référence est ici le Canadien Robert Mundell et sa théorie des zones monétaires optimales. De façon intéressante, Mundell lui-même est resté un ardent défenseur de l'euro. Il a mis en avant plusieurs arguments théoriques pour répondre aux critiques – notamment l'intégration financière et la mobilité des capitaux – tout en reconnaissant que l'Union économique et monétaire (UEM) demeure sous-optimale (comme, dans une certaine mesure, l'union monétaire américaine). Comme Mundell l'a déclaré en 2012 : « L'euro n'est pas seulement la cerise sur le gâteau pour le marché unique européen et l'Union européenne, il est le ciment qui maintient la cohésion de l'Europe[1]. »

Notre monnaie, ce sont ainsi deux paires de clés majeures : la solidité et donc la confiance, l'unité et donc la souveraineté.

La solidité de l'euro qui garantit la confiance

La solidité de l'euro, c'est d'abord un pouvoir d'achat mieux protégé grâce à une assurance de stabilité des prix. Depuis 1999, l'Eurosystème s'est employé avec succès à maintenir en moyenne une inflation légèrement inférieure à 2 % par an : j'en ai parlé précisément au chapitre 2 sur les politiques monétaires, et je ne veux retenir ici que quelques acquis concrets. L'inflation maîtrisée, avec une monnaie de confiance, cela veut dire pour les Français la préservation de leur épargne, de leurs retraites, de la valeur de leurs biens.

Depuis 1999, les prix augmentent nettement moins vite en France, ce qui contribue favorablement au

1. T. Corcoran, « Robert Mundell : Euro is here to stay », *Financial Post*, 8 juin 2012.

pouvoir d'achat des ménages. Entre 1979 et 1998, les prix à la consommation avaient augmenté de 5,1 % par an en moyenne en France, contre seulement 1,3 % par an en moyenne depuis lors. Cette différence est considérable : antérieurement, le niveau des prix doublait au bout de quatorze ans, tandis qu'avec un taux d'inflation à 1,3 % par an, il faudrait attendre cinquante-deux ans.

La convergence européenne a aussi permis des taux d'intérêt plus faibles, d'au moins 1,5 % en France. Tous les acteurs en bénéficient. La France, ayant avec l'euro une monnaie plus stable et qui inspire davantage confiance, peut désormais emprunter avec des taux d'intérêt beaucoup plus bas. C'est vrai d'abord pour l'État, qui emprunte désormais à taux négatif à dix ans. Entre 1986 et 1992 – la période du marché unique sans la monnaie unique –, l'écart de taux d'intérêt souverain[1] à dix ans (*spread*) entre la France et l'Allemagne était de 1,9 % en moyenne ; il n'est plus que de 0,25 % aujourd'hui. La France économise ainsi chaque année près de 45 milliards d'euros sur la charge de sa dette, soit bien davantage que le budget de la défense. Les taux des crédits aux ménages et aux PME ont eux aussi nettement baissé et sont aujourd'hui à des niveaux historiquement faibles. Pour les ménages également, le taux nominal des nouveaux crédits à l'habitat est en moyenne descendu de 5,6 % en décembre 1998 à

1. Écart entre les taux d'intérêt des emprunts émis par les différents États.

seulement 1,3 % en novembre 2020 ; il est parmi les plus bas de la zone euro.

L'unité et donc la souveraineté de l'euro

L'unité, c'est d'abord celle d'un grand marché intérieur, protégé des fluctuations des changes : pour beaucoup de nos entreprises, leur marché domestique s'est élargi des frontières nationales à toute la zone euro. L'euro a eu le mérite évident de simplifier la vie quotidienne des citoyens européens et des entreprises. Avant l'euro, un État pouvait certes, en dévaluant sa monnaie, améliorer temporairement la compétitivité de ses exportations au détriment de ses partenaires européens. Les effets positifs des dévaluations étaient toutefois ambivalents : le renchérissement des importations dégradait le pouvoir d'achat, et donc la consommation. La dévaluation diminuait la richesse du pays ; la hausse des prix liée aux dévaluations pénalisait de manière mécanique le patrimoine des épargnants. De plus, les désordres des taux de change pouvaient gravement affecter le commerce à l'intérieur du marché unique européen, et la croissance d'ensemble : on l'avait vu lors des crises du système monétaire européen de 1992, et de la récession consécutive de 1993.

Plus largement, l'introduction de l'euro a contribué à réduire les fluctuations de change pour les entreprises françaises qui exportent. Elle a fait totalement disparaître la volatilité à l'intérieur de la zone euro (au sein de laquelle la France réalise près de 50 % de ses échanges) et, de manière coïncidente, le risque de change a également diminué avec le reste du monde, notamment avec le yen et le dollar. La valeur de l'euro face au dollar est ainsi restée plus stable : au 1er janvier 1999, 1 euro s'échangeait contre 1,17 dollar, et, fin septembre 2020, il s'échangeait exactement au même niveau, même s'il a bien sûr fluctué entre-temps. Globalement, la volatilité du taux de change effectif nominal[1] de la France a été divisée par 2,7 entre les vingt ans avant l'euro et les vingt ans suivants. Nos entreprises prennent ainsi moins de risques en échangeant avec leurs partenaires.

L'unité c'est aussi ce qui permet à notre monnaie de compter au plan international. L'euro est, sur une scène financière mondiale très agitée, notre meilleure chance de peser, ce qu'aucun de nos pays ne pourrait faire séparément. Quand la présidente de la BCE parle en notre nom collectif, le monde entier écoute l'Europe : je peux en témoigner, du G7 au G20. Apprécions pleinement cet acquis trop rare de souveraineté européenne.

⁂

1. Le taux de change effectif nominal (TCEN) est un indice de la valeur d'une monnaie par rapport à la moyenne des monnaies d'autres pays, pondérée en fonction des échanges commerciaux.

De ces deux succès fondateurs, le marché unique puis la monnaie unique, il est bon de retenir quelques clés :

• D'abord un objectif clair, parlant pour tous les citoyens : c'est vrai à l'évidence de « l'euro dans la poche ». Mais ce fut tout le talent de Jacques Delors que de traduire aussi le marché unique et ses 300 projets de directive dans une ambition simple : les « quatre libertés » de circulation des personnes, des biens, des services et des capitaux.

• Un calendrier assez long mais ferme – huit ans pour faire le marché unique, dix pour la monnaie –, qui permettait les travaux de préparation tout en étant ancré dans une volonté politique et des traités juridiques. Il ne s'est pas agi de ces déclarations d'intention si souvent affichées depuis, mais de projets crédibles car datés.

• *Last but not least*, la responsabilité d'institutions fortes dans la mise en œuvre : pour le marché unique, la Commission européenne et sa compétence sur la concurrence appuyée sur la Cour de justice ; pour la monnaie, la Banque centrale européenne.

Ces succès n'appellent pour autant aucune complaisance : au-delà même du Brexit, les premiers gagnants du marché unique que sont les Pays-Bas et les économies prospères du Nord tendent à en considérer les bénéfices comme acquis et à refuser toute autre dimension de solidarité. Monnaie sans État, l'euro reste une construction spécifique. Il est né d'une constellation rare, entre l'unité allemande et le génie politique de Jacques Delors, Helmut Kohl et François Mitterrand. Mais depuis, il a essentiellement grandi dans les crises, par la nécessité plutôt que par l'anticipation. L'euro mérite mieux que l'attentisme pour optimiser son potentiel au bénéfice de tous les Européens.

Il y a trente ans, nous parlions d'« Union économique et monétaire » : nous avons réussi l'union monétaire, mais nous avons été peu efficaces sur l'union économique. Nous nous sommes un peu endormis sur les lauriers du marché unique et nous n'avons pas complété l'édifice de la monnaie unique. Notre souveraineté économique passe aujourd'hui, en conséquence, par deux chemins : faire jouer enfin nos synergies internes ; et assumer pour de bon une projection externe.

La souveraineté interne : une Union économique en jouant enfin de nos synergies

L'Europe, si critiquée pour sa « technocratie », a pourtant et paradoxalement trop perdu le fil de son origine économique – le charbon et l'acier de Robert Schuman, puis le marché commun. On peut bien sûr rêver d'une Europe fédérale ; mais on doit d'abord mieux faire fonctionner nos politiques existantes, prises comme un tout et non comme une boîte à outils disparate. L'Europe a trop l'habitude de la non-coordination. Pour améliorer le jeu collectif européen, arriver à un vrai *policy-mix* coopératif, nous avons cinq axes d'action. Deux sont invoqués depuis la création de l'euro ; les trois autres axes sont plus récents et sans doute plus prometteurs.

Premier axe traditionnel : la coordination des politiques économiques

La zone euro est née avec cette spécificité de politiques budgétaires et structurelles restant essentiellement nationales, face à une politique monétaire européenne. La plus ancienne piste est donc celle de la meilleure coordination de ces politiques nationales : dès les négociations de 1990-1991, avant Maastricht, nous nous étions battus avec Pierre Bérégovoy pour que soient fixées chaque année des « grandes orientations des politiques économiques », devenues l'article 121 du traité[1]. L'idée était, et reste, que la zone euro s'accorde collectivement sur les objectifs globaux de politique économique et sur le partage des tâches, *via* la définition d'objectifs de performance individuels pour les États membres. La plupart des analystes reconnaissaient, avant la crise

1. Article 121 du Traité sur le fonctionnement de l'Union européenne.

Covid, qu'une stratégie collective comportant davantage de réformes structurelles dans certains pays, y compris la France, et une plus large expansion budgétaire dans d'autres pays, notamment l'Allemagne, constituerait un meilleur dosage au profit d'une croissance durable et de l'emploi en Europe.

Et pourtant, cela n'a jamais réellement fonctionné, et notre bel article 121 du traité est tombé totalement en désuétude. La première raison semble en être un malentendu franco-allemand : il ne peut s'agir que de progresser en parallèle sur les réformes nationales *et* la coordination européenne – et non pas sur l'un *ou* l'autre. Depuis au moins dix ans, tant l'appel français à une relance en Allemagne au nom de la coordination que les doutes allemands au sujet des réformes en France étaient fondés. Mais chacun a toujours attendu que l'autre commence, dans une méfiance réciproque. Plus profondément, la politique économique de chaque pays reste déterminée par sa conjoncture domestique : pour dépasser ce *self-interest*, il faudrait des institutions et procédures beaucoup plus fortes.

De la coordination, il est donc resté essentiellement des règles, des limites plus ou moins respectées sur la politique budgétaire de chacun : c'est le fameux Pacte de stabilité et de croissance, les « critères de Maastricht », dont le plafond théorique de 3 % de déficit. Régulièrement contestées, plusieurs fois remises sur le métier, ses prescriptions actuelles demeurent à la fois trop complexes et pas assez crédibles. Il est nécessaire de maintenir les règles budgétaires – je le souligne, au risque d'être impopulaire en France. Mais si une discussion européenne paisible est un jour envisageable, ces règles pourraient évoluer vers davantage de clarté, une meilleure appropriation et un plus grand respect par les États membres. Le Comité budgétaire européen avance une proposition intéressante, celle de s'appuyer sur un plafond du taux de croissance des dépenses publiques primaires, nettes des mesures discrétionnaires concernant les recettes[1].

Deuxième axe traditionnel : le ministre des Finances européen

Les carences de la coordination ont amené ensuite à souhaiter un renforcement des institutions. La France parlait dès les négociations de Maastricht d'un « gouvernement économique ». Côté allemand et plus tard, le grand Européen que fut Helmut Schmidt l'a dit clairement à Francfort en octobre 2011 : « Nous n'avons pas réussi à définir les règles du jeu économiques pour l'union monétaire. Aucune autorité responsable de la politique budgétaire et économique et dotée de pouvoirs forts n'a été créée[2] ». Cette même

1. Comité budgétaire européen, « Assessment of EU fiscal rules with a focus on the six and two-pack legislation », août 2019.
2. H. Schmidt, discours prononcé à l'occasion de la cérémonie de départ du président de la BCE Jean-Claude Trichet, 19 octobre 2011.

année et pour la BCE, en recevant le prix Charlemagne à Aix-la-Chapelle, Jean-Claude Trichet[1] plaidait en faveur d'un ministre européen des Finances.

Il y a là une intuition fondamentalement juste : les institutions dotées d'un mandat sont plus efficaces que les règles sans institutions. Disons-le : la croyance allemande dans des règles figées *ex ante*, et dans le droit, est ici quelque peu aveugle. Pour renforcer la coordination des politiques économiques, nous avons certes besoin de règles plus simples. Mais elles doivent être complétées par des institutions fortes dotées de pouvoirs d'appréciation. Mario Draghi a souligné[2] la différence fondamentale entre une institution de politique monétaire et des règles budgétaires, ce qu'illustrent les résultats respectifs de la BCE et du Pacte de stabilité. Et les linéaments d'un ministre des Finances de la zone euro sont assez simples à dessiner, au moins sur le papier.

Premièrement, une procédure de nomination de nature à établir fortement la légitimité de la fonction. Le ministre des Finances pourrait ainsi être nommé pour une période de cinq ans par le Conseil européen à la majorité qualifiée, sur proposition du président de la Commission européenne. Il serait membre de la Commission et président de l'Eurogroupe. Le ministre

1. J.-C. Trichet, « Building Europe, building institutions », discours prononcé lors de la remise du Karlspreis 2011 à Aix-la-Chapelle, 2 juin 2011.
2. Discours de M. Draghi, président de la BCE, au SZ Finance Day 2015, Francfort-sur-le-Main, le 16 mars 2015.

aurait ainsi la légitimité nécessaire pour représenter la zone euro dans les forums économiques et financiers internationaux, aux côtés du président de la BCE.

Deuxièmement, il devrait pouvoir s'appuyer sur un véritable Trésor européen, qui pourrait intégrer des experts de la Direction générale des affaires économiques et financières de la Commission, du MES (Mécanisme européen de stabilité) et du secrétariat du Comité économique et financier.

Enfin, à la mesure de cette intégration plus poussée, il y aurait besoin d'un contrôle démocratique plus fort sur les affaires de la zone euro. Il faudrait donc envisager d'institutionnaliser un format « zone euro » au sein du Parlement européen, et de renforcer les relations avec les Parlements nationaux concernés.

Et pourtant, depuis une dizaine d'années que ces idées circulent – j'en ai pris ma part dans plusieurs interventions à travers l'Europe depuis 2016 –, elles n'ont trouvé aucune traduction pratique ; le « paquet » de renforcement de la zone euro adopté fin 2018 par l'Eurogroupe est resté d'une modestie particulièrement décevante. La première explication est juridique : instituer ce ministre des Finances supposerait probablement une révision des traités, et aucun État ne veut s'y lancer. Mais l'autre raison est politique : peu ont autour de la table la volonté de faire vraiment ce « saut quantique » institutionnel, y compris l'Allemagne et la France. Et cela peut conduire à privilégier aujourd'hui trois leviers plus novateurs :

un budget commun, une Union de financement pour l'épargne privée et une réactivation du marché unique.

Troisième axe : un budget commun

Cela a été un combat prioritaire du président de la République depuis son élection en 2017. La France y a connu quelques hauts : la déclaration franco-allemande de Meseberg, en juin 2018, où notre partenaire apparaissait se rallier au principe. Puis un grand bas : la traduction dans le « paquet » précité de décembre 2018 en un BICC (*budgetary instrument for convergence and competitiveness*) d'une maigreur confinant au ridicule : 17 milliards d'euros envisagés sur sept ans, soit moins de 0,02 % du PIB de la zone euro par an ; le blocage hollandais était (déjà) passé par là. Et enfin une belle revanche, dans le contexte nouveau du virus : l'accord franco-allemand du 18 mai, ayant conduit à l'accord de Bruxelles du 21 juillet. Sur moins d'années, le montant des subventions additionnelles (390 milliards) y est plus de vingt fois supérieur à celui de l'ex-BICC...

Ce n'est pas forcément pour autant le « moment hamiltonien » salué par certains. Parce que le mécanisme demeure temporaire, à ce stade. Parce que s'il y a eu accord sur la solidarité et des investissements financés en commun, il n'y a pas encore eu la reconnaissance d'une nécessaire fonction de stabilisation conjoncturelle et partagée, durablement. Parce qu'aussi la défiance perdure entre un Sud insistant sur la solidarité et un Nord répondant responsabilité, la France devant y maintenir l'équilibre. Il faut absolument à mon sens garder le cap d'une « capacité budgétaire » commune à la zone euro, limitée et réversible dans son montant mais activable rapidement. Mais ne boudons pas notre plaisir sur un point : nous avons sans doute, enfin, purgé la querelle décennale et stérile sur la mutualisation des dettes et les *eurobonds*. Les dettes **existantes** sont, et resteront, de la responsabilité des gouvernements nationaux. En revanche, les besoins de financement **futurs** liés « à la reprise et à la remise en état » doivent être le domaine naturel où s'exercent la solidarité financière et donc un emprunt européen.

Quatrième axe : une Union de financement pour l'investissement et l'innovation

À côté des mécanismes publics – budgétaires – de partage de risques qui tendent à polariser l'attention, les mécanismes de partage du risque *privé*, moins fréquemment considérés, sont tout aussi importants et efficaces. Nous pouvons l'observer aux États-Unis où les marchés de capitaux jouent un rôle plus important que les transferts budgétaires comme amortisseur entre États. La zone euro dispose d'une ressource abondante, et rarement mentionnée : une épargne excédentaire par rapport à l'investissement, qui s'élevait à 360 milliards d'euros en 2019. Cette ressource est actuellement investie hors de la zone euro, et notamment aux États-Unis et dans les pays émergents, alors que nos besoins d'investissement potentiels sont importants.

Une meilleure allocation de l'épargne privée européenne nécessite cependant des canaux de financement transfrontières plus efficaces – l'épargne ne se trouve pas toujours là où le besoin d'investissement apparaît – ainsi qu'une meilleure « transformation » : les instruments d'épargne privilégiés sont souvent à court terme et sûrs, tandis que les besoins de financement sont souvent à plus long terme et plus risqués. Il faut combiner une Union bancaire plus efficace et une « Union des marchés de capitaux » (UMC) pour constituer une véritable « Union de financement pour l'investissement et l'innovation ».

Le Brexit ne nous laisse au demeurant pas d'autre choix : nous devons réorganiser le système financier européen et développer son autonomie. La zone euro peut déjà tirer parti d'importants atouts : un Eurosystème monétaire efficace, le cadre juridique du marché financier unique et les composantes essentielles d'une Union bancaire. Mais nous ne disposons pas encore d'un « Eurosystème financier », constitué d'institutions financières paneuropéennes plus fortes et d'infrastructures de marché. Soyons clairs : il n'y aura pas une City unique pour le continent, mais plutôt un réseau polycentrique intégré de places financières, avec des spécialisations par domaines d'expertise. Un tel système polycentrique peut fonctionner, comme en témoigne l'exemple des États-Unis : la place financière de New York est privilégiée par les banques de financement et d'investissement, la place de Chicago traite des *futures*, tandis que celle de Boston est spécialisée dans la gestion d'actifs.

S'agissant tout d'abord de l'**Union bancaire**, heureusement initiée depuis 2014 avec la supervision unique, nous ne parviendrons pas à la finaliser efficacement sans consolidation à travers les frontières en Europe : il existe encore trop d'obstacles et trop peu de restructurations transfrontières. Comparé au marché américain, le secteur bancaire européen reste fragmenté : la part de marché des cinq principales banques européennes s'élève à peine à plus de 20 % contre plus de 40 % aux États-Unis. En outre, l'intégration bancaire renforcerait la résilience des banques en réduisant leur exposition à des chocs asymétriques, conduisant à un partage des risques accru et à une meilleure allocation des ressources. Une étape utile vers la formation de véritables groupes bancaires paneuropéens pourrait consister à réduire les exigences en fonds propres spécifiques à leurs filiales européennes, tout en préservant leur situation financière par le biais de garanties transfrontières crédibles fournies par la maison mère.

Mais en plus de l'Union bancaire, une véritable **Union des marchés de capitaux** est essentielle pour renforcer l'intégration financière en Europe : Jens Weidmann, le président de la Bundesbank, et moi-même avons vigoureusement plaidé en sa faveur dans une tribune commune publiée en avril 2019.

L'un de nos principaux défis qualitatifs est en effet l'insuffisante mobilisation de cette épargne abondante au bénéfice de l'investissement productif. Le montant des fonds propres rapportés à la dette des entreprises est trois fois plus élevé aux États-Unis que dans la zone euro. Or le financement par émission d'actions est le meilleur moyen de partager les risques et les opportunités. Par exemple, le marché boursier américain, qui présente une forte intégration, est capable d'amortir 40 % environ d'un choc économique spécifique à un État, les bénéfices et les pertes des entreprises étant distribués à leurs propriétaires sur l'ensemble du territoire américain. Dans la zone euro, cette forme de partage des risques est pratiquement inexistante. En outre, permettre aux start-up et aux PME européennes de lever des fonds propres plus facilement et à moindre coût soutiendrait leur croissance. Le financement par fonds propres constitue un facteur essentiel d'innovation : il est mieux adapté à l'incertitude et offre des rendements à long terme associés aux projets innovants. Dans ce domaine, la zone euro est très en retard : ses fonds de capital-risque y sont embryonnaires par rapport aux grands acteurs américains, notamment parce qu'ils sont rarement transfrontières.

Malgré quelques avancées récentes, et de multiples rapports tous plus excellents les uns que les autres – le dernier étant celui de la Commission à l'automne 2020 –, les progrès sur ce sujet s'avèrent difficiles et lents. Passons enfin du consensus de principe, dans les mots, aux avancées concrètes, notamment en ce qui concerne les instruments d'épargne, le droit des faillites, l'accès au financement des PME et la supervision. Une véritable « Union de financement pour l'investissement et l'innovation » permettra de mieux mobiliser nos ressources abondantes pour les besoins concrets de l'économie européenne : la transition énergétique, les fonds propres des PME, ou encore l'innovation numérique. C'est aussi là que se jouera notre souveraineté demain.

Cinquième axe : réactiver le marché unique

Ce cinquième et dernier levier de l'Union économique apparaîtra peut-être relever plus du passé que de l'avenir. J'en ai pourtant de plus en plus la conviction : l'Europe ne parle plus assez de son marché unique. C'est son autre grand succès économique, avec l'euro. Et il est essentiel d'en rappeler aux économies prospères du Nord tous les bénéfices, qui fondent en retour une exigence légitime de solidarité. Essentiel aussi d'être vigilants sur certains dangers de fragmentation du marché unique, avec la crise Covid. Les gouvernements nationaux y ont agi de manière appropriée lors de la phase aiguë, en adoptant des mesures d'urgence notamment pour apporter des garanties et un soutien en liquidités à leurs PME. Mais, à mesure que ces dispositions devront être prolongées et transformées en mesures de solvabilité à long terme, des différences nationales pourraient créer une inégalité de traitement, en faveur des pays ayant le plus de moyens budgétaires, à commencer par l'Allemagne[1]. Le marché unique – qui est dans l'intérêt de tous les États membres – signifie des règles communes pour les entreprises : si ce n'est pas le cas, la divergence entre nos économies pourrait encore s'accroître, ce qui serait très regrettable. Il faut donc assez vite rétablir le contrôle par la Commission des aides d'État et d'une concurrence loyale : c'est aussi, même si nous n'en sommes guère conscients, l'intérêt des autorités françaises.

Réactiver le marché unique surtout, parce que nous pouvons en optimiser la puissance en en combinant beaucoup mieux les diverses dimensions. La libre circulation commerciale, bien sûr. Mais aussi le pouvoir normatif : revenons sur le retard technologique de l'Europe. Il faut ici jouer l'atout du marché unique avec moins de timidité. Aller au bout de l'effet taille : il y a encore trop de frontières implicites et de fragmentation. Utiliser le pouvoir normatif, notamment pour orienter les innovations : c'est l'exemple du règlement général sur la protection

1. E. Hermet et D. de Franclieu, « Aides d'État et Covid-19 : un dilemme européen », *Bloc-notes Eco*, Banque de France, septembre 2020, numéro 181.

des données (RGPD) où l'Europe a pris le *lead.* Oser une politique industrielle avec des partenariats public-privé, comme sur l'intelligence artificielle et les batteries. Bâtir patiemment un droit des affaires franco-allemand – plusieurs juristes s'y sont attelés, remarquablement – puis plus largement européen. Et toujours, mobiliser nos ressources financières : l'Europe est le premier réservoir d'épargne privée du monde, mais notre capital-risque est sous-développé par rapport aux États-Unis.

La souveraineté externe : développer le rôle international de l'euro

Pourquoi développer le rôle international de l'euro

Quitte à surprendre, le développement du rôle international de l'euro ne figure pas dans le mandat de la BCE, et n'était pas dans ses priorités de 1999. L'euro est cependant progressivement apparu comme une alternative au dollar. Deuxième monnaie du système monétaire international, l'euro représente 35 % de la valeur des transactions internationales, soit un niveau proche de celui du dollar (42 %). Toutefois, l'utilisation internationale de l'euro, après avoir fortement progressé initialement, a reculé depuis les crises financières de 2008-2012 ; elle reste faible en comparaison du dollar en matière de réserves de change comme de dette internationale (20 %). Elle n'est guère supérieure à la place qu'avaient le deutschemark, le franc français et les autres devises européennes, combinés, avant 1999. Alors que la zone euro pèse environ 11 % de l'économie mondiale, la part de l'euro s'élève à environ 20 %, quel que soit l'indicateur choisi : 20 % des réserves mondiales de change, 22 % du stock international de titres de dette, 15 % des prêts transfrontaliers et 18 % des dépôts. En outre, la moitié des importations dans la zone euro et 60 % des exportations hors zone euro sont facturées en euros[1].

Après avoir assuré sa reconnaissance interne en Europe, l'euro devrait aujourd'hui gagner en importance internationale, et ce d'abord pour des raisons géopolitiques évidentes de souveraineté européenne[2]. Là aussi, cessons d'avoir des modesties qui ne sont pas celles des autres. Le dollar est un atout clair de la puissance américaine, comme la Chine se soucie à présent de l'internationalisation du renminbi.

Mais des raisons économiques s'y ajoutent : un recours plus large à l'euro favoriserait la protection de nos entreprises contre les risques de change ou de contentieux judiciaire extraterritorial. La mondialisation a pris la forme d'une augmentation non seulement des échanges de biens et services, mais également des flux

1. Banque centrale européenne, « The international role of the euro », juin 2020.
2. M. Draghi, « La souveraineté dans un monde globalisé », discours à l'Université de Bologne, 22 février 2019.

de capitaux. Pour des économies ouvertes commercialement et financièrement comme celles de la zone euro, cela accroît l'intérêt de se protéger contre les fluctuations des prix des importations et de garantir un financement extérieur stable. La mondialisation s'est aussi traduite par une concentration des canaux d'échange, ce qu'illustre le rôle des quelques grands réseaux de cartes bancaires dans les paiements de détail ou encore la messagerie SWIFT des règlements interbancaires. Cela renforce les capacités de contrôle des échanges et des flux financiers par le pays qui se trouve au cœur du système monétaire international. Plus récemment, les géants du numérique ont multiplié les initiatives visant à promouvoir l'utilisation de moyens de paiement – des *stablecoins* (*cf.* chapitre 3), s'appuyant sur l'effet de réseau mondial de leurs plateformes numériques. Il est donc plus que légitime, et même indispensable, aujourd'hui d'être plus ambitieux sur la place de l'euro dans le système monétaire international.

Comment développer le rôle international de l'euro

Les mesures concrètes de promotion de l'euro identifiées par la Commission européenne[1] sont ici opportunes. Le développement de systèmes de paiement

1. Commission européenne, « Vers un renforcement du rôle de l'euro », communication, décembre 2018, et « Le système économique et financier européen », janvier 2021.

instantanés européens pleinement unifiés, de marchés intégrés de capitaux, la création ultérieure d'un actif sûr et large en euros contribueraient à la fois à l'expansion internationale de l'euro et à sa consolidation interne. Les priorités internes rejoignent ici la projection externe : il est donc doublement souhaitable de développer une Union de financement (*cf. supra*) se caractérisant par une grande fluidité de la circulation des capitaux en son sein.

Il est cependant d'autres leviers spécifiques. Si l'Union européenne parle d'une seule voix en matière de commerce international, en revanche la représentation externe de la zone euro ou de l'Union européenne est loin d'être unifiée au sein des institutions financières internationales. Le rapport « des cinq présidents[1] » (2015) le déplorait notamment dans le cas du FMI. Dans le rapport d'initiative de 2016, le Parlement européen concluait qu'« au-delà du seul cas du FMI, une rationalisation progressive de la représentation de l'Union devrait être mise en œuvre au cours des prochaines années, tout d'abord au moyen d'une coordination renforcée… » avant d'envisager à terme une unification des sièges. L'histoire montre que le rôle international d'une monnaie dépend plus généralement de la capacité et de la volonté du pays

1. Rapport des présidents de la BCE, de la Commission européenne, de l'Eurogroupe, du Conseil européen et du Parlement européen, « Compléter l'Union économique et monétaire européenne », juin 2015.

qui l'émet de déployer sa puissance géopolitique. Le développement du rôle de l'euro dépendra de la détermination ou non de l'Union à exercer ici en commun sa souveraineté.

Des incitations concrètes seraient également utiles. En décembre 2018, la Commission européenne avait appelé à faire davantage pour que l'euro soit mieux utilisé dans les facturations internationales. Cet appel s'était assorti d'une recommandation concernant l'usage de l'euro dans les contrats et transactions du secteur de l'énergie, et débouchant sur une série de consultations sectorielles focalisées sur le marché des changes, les marchés de matières premières et le secteur aéronautique.

Terminons par un espoir : l'aspiration à renforcer le rôle international de l'euro a été récemment réaffirmée par la Commission – qualifiée de « géopolitique » – présidée par Ursula von der Leyen. La crise Covid a entraîné une telle volatilité sur le prix des matières premières et un tel choc sur les industries de transport (notamment aéronautique) qu'elle pourrait déboucher sur un bouleversement du fonctionnement de ces marchés, non seulement dans les chaînes d'approvisionnement, mais aussi dans les modes de facturation et de financement.

⁂

L'exemple de l'euro le montre : la souveraineté européenne, ce n'est pas un objet éthéré de querelles académiques. Ce doit être un continuum historique et logique, qui commence par des réalisations très concrètes au bénéfice des Européens, se poursuit par une montée en puissance interne efficace, et a vocation à produire une affirmation forte sur la scène mondiale.

Et assumons sans complexe notre diversité interne : l'identité européenne ne saurait être une uniformité, une monoculture – on en voit les limites avec une globalisation « à l'américaine » un peu pauvre. Notre ambition, ce doit être l'unité, qui ne nie pas les différences. À l'heure où croît le souci de la biodiversité, ayons plus encore celui de l'« humano-diversité ». Le génie de l'Europe, c'est cette capacité à faire coexister des cultures différentes dans un espace limité. Nulle part ailleurs dans le monde ne se rencontre une telle diversité de paysages, de patrimoines, d'histoires sur un territoire aussi dense. Mais diversité dans l'unité d'un modèle social, environnemental, éthique européen : il est crédible s'il est appuyé sur une puissance économique, et le reste du monde a également besoin de ce modèle, j'y reviendrai au chapitre 6.

CHAPITRE 5

La France n'est pas irréformable[1]

Depuis au moins quinze ans – certains datent la rupture du référendum négatif sur l'Europe en 2005, voire de la présidentielle de 2002 –, nous avons singulièrement perdu confiance en nous-mêmes : nous nous voyons comme une nation divisée, bloquée, bref irréformable. Récemment, la crise des gilets jaunes, l'impasse sur la réforme des retraites puis, bien sûr, la pandémie n'ont rien arrangé. Après avoir longtemps déploré notre arrogance supposée, l'étranger nous renvoie souvent le même regard, en se délectant des images de violence dans les rues de Paris. Il faut d'abord comprendre ces difficultés, et nos blocages. Mais refuser ensuite une fatalité : la France a su dans le passé se réformer ; elle l'a aussi réussi ces dernières années, avec des créations d'emplois massives entre 2016 et 2019.

1. Ce chapitre fait appel notamment aux « Lettres au Président de la République » de 2016, 2017 et 2018, et aux rapports annuels de la Banque de France.

Et même sur nos dépenses publiques, les plus lourdes d'Europe, le progrès est possible : quitte à surprendre, je veux dire, à partir de la transformation en cours de la Banque de France elle-même, comment service public peut rimer avec performance et innovation.

Notre manque de confiance

La France de 2021 a plus d'atouts qu'elle ne le croit. Elle est la deuxième puissance économique de la zone euro, avec le plus grand espace géographique. Son patrimoine naturel et culturel hors pair, y compris Paris, seule métropole mondiale d'Europe continentale, lui donne une image forte. Sa démographie est l'une des plus dynamiques d'Europe, avec la jeunesse la plus nombreuse. Sa productivité horaire est parmi les meilleures du monde, à hauteur des États-Unis et de l'Allemagne. Elle est le premier pays européen dans le top 100 des entreprises les plus innovantes du monde et l'un des plus actifs dans les créations d'entreprises ; ses grandes entreprises sont reconnues dans la compétition internationale. Récemment, notre pays est devenu le plus attractif d'Europe pour les investisseurs internationaux.

Pourtant, nos limites sont réelles, et notre rapport avec les réformes depuis longtemps ambivalent. Le terme même a en France souvent trop peu de place, entre notre goût supposé pour les révolutions et notre conservatisme de fait. Il faut Tocqueville pour tenter de redonner à notre histoire la patience des efforts dans la durée : « [La Révolution française] a pris, il est vrai, le monde à l'improviste, et cependant elle n'était que le complément du plus long travail, la terminaison soudaine et violente d'une œuvre à laquelle dix générations d'hommes avaient travaillé[1]. » Les réformes sont cependant le chemin, le seul chemin, pour rendre compatible notre modèle social européen – auquel nous tenons légitimement – et la croissance économique – indispensable pour faire reculer le chômage et financer notre avenir.

De la nécessité de changer, nous Français sommes conscients. De notre capacité à le faire, nous doutons. Et sur notre envie de le faire, à tous niveaux, nous sommes schizophrènes : nous souhaitons la réforme, mais d'abord pour les autres. Cela est vrai entre acteurs économiques – sphère publique et entreprises se renvoient mutuellement la responsabilité de nos échecs –, mais également au sein des catégories sociales et des corporations professionnelles. Année après année, nous semblons ainsi consolider notre « préférence pour la division » et notre incapacité à une stratégie partagée. Et pourtant, une mobilisation collective est à la fois impérative et possible en France. Il nous faut pour cela élargir notre horizon. Dans l'espace : nos voisins européens, de l'Allemagne au Portugal, l'ont réussi plus récemment et

1. A. de Tocqueville, *L'Ancien Régime et la Révolution*, livre premier, chapitre V.

en récoltent aujourd'hui les fruits. Et dans le temps : nous y sommes déjà parvenus avec succès par le passé.

Entre 1985 et 2000 par exemple, en dépassant au demeurant les clivages politiques car cette période enjambe les alternances, la France avait su se mobiliser dans la durée pour sa compétitivité, afin notamment d'entrer en bonne position dans l'euro. Elle a alors mis en œuvre, non sans faiblesses mais globalement avec constance, une stratégie ambitieuse de désinflation compétitive : désindexation des prix et des salaires, politique du taux de change stable par rapport à ses partenaires européens, assainissement relatif des finances publiques, ouverture de la concurrence et renforcement de nos entreprises. Malgré le choc économique lié à la réunification allemande et la récession de 1993, cette stratégie a porté ses fruits à partir de la seconde moitié des années 1990. La France a alors connu une forte croissance économique, atteignant 2,7 % par an en moyenne entre 1993 et 2000, et dépassant 3,2 % par an à la fin de cette période, soit près d'un point de plus qu'en Allemagne en 2000 ; un excédent solide et persistant de sa balance courante (1,6 % du PIB en moyenne sur 1993-2000) ; et une progression de l'emploi à un rythme soutenu, 1,4 % par an sur la même période et plus de 2,5 % par an à la fin des années 1990.

Plus récemment, et jusqu'au déclenchement de la crise Covid, notre pays a su – sans en avoir certes la pleine conscience ni encore moins la fierté – retrouver une dynamique de réformes et de succès. Celle-ci a été entamée à partir de 2014-2015, avec notamment le crédit d'impôt pour la compétitivité et l'emploi (CICE), puis accélérée après 2017 avec les réformes du droit du travail, de la formation professionnelle et de la fiscalité : je reviendrai sur certaines de ces réformes, mais il faut tout de suite noter deux points. Leur efficacité pour l'emploi est dans la durée incontestable : la France a en quatre ans, de 2016 à 2019, créé 1 million d'emplois nets supplémentaires, soit sa meilleure performance depuis les années 1980 si l'on exclut la période de forte croissance de 1998-2001. Et nous avons un singulier génie pour occulter nos propres réussites : pour ne citer qu'un exemple, la France était le dernier pays avancé à ne pas avoir la retenue à la source de l'impôt sur le revenu. Nous nous sommes déchirés sur ce sujet en 2018, mais la réforme a été parfaitement mise en œuvre en 2019... et tout le monde l'a étrangement déjà oublié en 2020.

Quelques convictions de méthode et de finalité

Réformer notre pays en profondeur est certes une tâche lourde. Le cycle démocratique place régulièrement la France dans un horizon de court terme. Mais la préparation des prochaines échéances pourrait et devrait au contraire être l'occasion d'entreprendre un débat national, de faire la pédagogie des différentes options et de choisir ensuite une stratégie commune dans la durée.

Réformer notre pays demande en effet du temps, et une méthode continue mais séquentielle. La certitude des coûts immédiats occulte souvent la perception des bénéfices de long terme. Notre mobilisation collective pourrait se déployer sur un nouveau cycle long, à l'horizon duquel notre pays devrait viser le retour au plein-emploi pour vaincre enfin notre plus grand mal qu'est le chômage. Ce que l'on appelle la « courbe en J » des réformes structurelles traduit le fait qu'il est parfois nécessaire d'affronter une période d'efforts soutenus et de dégradation temporaire. C'est notamment pour compenser ces coûts transitoires que des politiques de demande peuvent trouver une grande pertinence, ainsi que pour atténuer les conséquences conjoncturelles de la crise Covid.

Une ambition de réformes est assurée de produire des résultats, dès lors qu'elle est **globale** – les réformes interagissent positivement entre elles – et qu'elle est **persévérante** – chez tous nos voisins, le « temps de retour » des réformes a été d'au moins deux ou trois ans. L'annonce et le vote des réformes comptent, bien sûr ; leur **mise en œuvre** effective par tous les acteurs – y compris privés – importe donc plus encore. Ce sont aussi cette cohérence globale et cette persévérance qui doivent assurer l'indispensable équité de la stratégie : parce que des efforts doivent être demandés à tous – y compris les bénéficiaires de rentes privées ou publiques –, et pour que les gains bénéficient ensuite à tous – d'abord ceux qui peuvent revenir ou entrer dans l'emploi, dont les jeunes ; mais aussi les plus défavorisés, qui doivent être assurés d'une solidarité nationale enfin financée dans la durée.

Il faut en effet purger un mauvais débat : les réformes sont, en France plus qu'ailleurs, souvent associées à l'austérité, voire pire encore à une idéologie libérale dont elles seraient le cheval de Troie. Mais pourtant la Suède, qui ne passe pas pour être un pays libéral, a su ramener ses dépenses publiques à moins de 50 % du PIB, tandis que nous augmentions les nôtres. C'est le paradoxe français : nous dénonçons toujours une austérité dont nous sommes cependant loin.

C'est à mes yeux même le contraire : les réformes sont totalement compatibles avec le modèle social européen et une croissance équitable ; elles en sont même la condition. La hausse de notre croissance potentielle est une condition nécessaire pour garantir le modèle social que la France partage avec ses voisins européens, en particulier en assurant le financement du système de santé et des retraites à long terme. L'exemple de nos voisins montre qu'une mobilisation collective en ce sens est possible. Pour une fois, ne parlons pas de l'Allemagne, mais regardons quatre de nos voisins : deux au nord, les Pays-Bas et la Finlande, mais aussi deux au sud, l'Espagne et le Portugal. Dans des conditions politiques et sociales différentes, et grâce à des réformes commencées antérieurement, chacun de ces pays avait pu sur les quatre années précédant la crise Covid (2016-2019) dégager une forte croissance et créer beaucoup d'emplois.

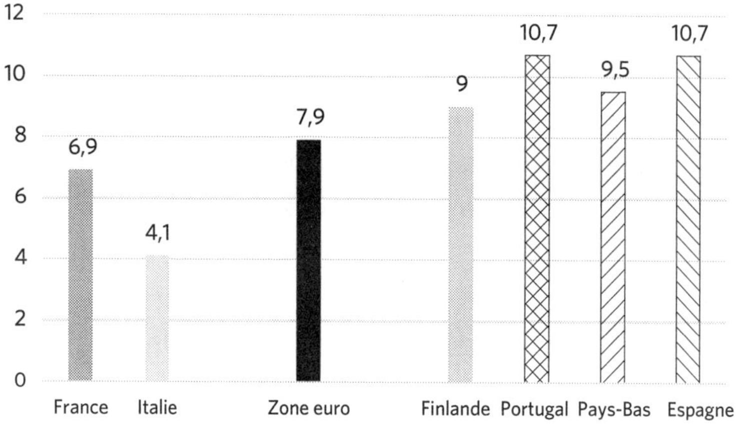

Graphique 2. Croissance cumulée du PIB, 2016-2019 (en %).

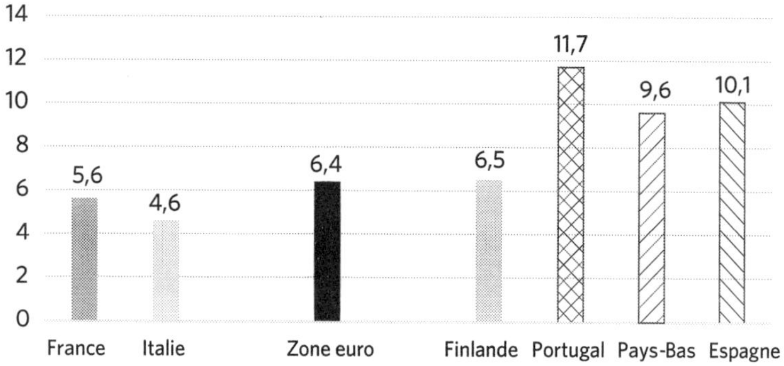

Graphique 3. Croissance cumulée de l'emploi marchand, 2016-2019 (en %).
Source : Eurostat.

L'Europe peut être fière de son modèle social ; les pays de la zone euro en partagent en effet les trois composantes : un haut niveau de services publics dont l'éducation, des inégalités mieux maîtrisées et une forte intensité du dialogue social – j'y reviendrai au prochain chapitre. Et ce modèle social n'est pas antagoniste du succès économique, dès lors que les réformes sont menées. Beaucoup de nos voisins ont suivi avec succès ce chemin de compatibilité, et la France peut également l'emprunter avec confiance.

Un effort de réformes indispensable

Le constat de nos limites économiques et la nécessité d'amplifier les réformes structurelles en France sont tout sauf des nouveautés. Le FMI, l'OCDE, la Commission européenne ou la Cour des comptes sont tous convergents dans leurs préconisations. J'ai moi-même comme gouverneur, et en vertu d'une tradition républicaine qui remonte à 1945, l'honneur d'adresser chaque année, à partir de nos analyses et recommandations, une « Lettre au Président de la République ». Je la lui remets et lui commente, et peux témoigner depuis cinq ans de la grande qualité d'écoute que j'ai rencontrée ; puis cette Lettre est publiée. J'y renvoie le lecteur qui serait intéressé par plus de détails, et je ne renie aucune des phrases écrites depuis 2016. Il ne s'agit donc pas ici de les répéter exhaustivement mais de les résumer autour de trois champs essentiels, trois E : l'emploi, l'éducation et l'État.

Soutenir l'emploi

Avant même la grave rechute provoquée par la crise Covid, le chômage est notre échec collectif depuis trop longtemps. Au moins, nous avons échappé à la résignation du passé, et enregistré des succès récents dans la création d'emplois. Mais mesurons d'abord l'ampleur de notre retard : alors que beaucoup d'économies européennes et développées – bien au-delà des seuls États-Unis ou Allemagne – étaient revenues en 2018-2019 au plein-emploi, la France a gardé un chômage structurel supérieur à 8-9 %. Un paradoxe l'illustre, et il n'est guère supportable : les difficultés d'embauche ont été en 2018 et 2019 le premier frein des entreprises alors que la France comptait encore plus de 2,5 millions de chômeurs. Ce décalage grave entre demande des entreprises et offre de travail des ménages semble refléter à la fois une détérioration des compétences, dont témoignent les enquêtes de l'OCDE[1], et l'impact des chocs technologiques ou de concurrence internationale.

1. *Cf.* enquêtes PISA et PIAAC.

Depuis deux décennies, notre problème d'emploi a été identifié à une cause centrale : notre déficit de **compétitivité**. Les politiques économiques menées avaient cru à tort pouvoir relâcher dans l'euro l'effort de compétitivité, qui est un impératif permanent. La compétitivité-coût de la France s'est alors détériorée : de 2000 à 2008, le coût unitaire du travail a augmenté de 16 % en France par rapport à l'Allemagne – la réduction du temps de travail en étant un des facteurs parmi d'autres. Depuis, la relative maîtrise de la progression des coûts salariaux unitaires en France depuis 2013 par rapport à l'Allemagne, sous l'effet de politiques de compétitivité en France – le CICE et le Pacte de responsabilité – et de salaires plus dynamiques en Allemagne, a permis d'effacer une partie de cette forte hausse du début des années 2000. Au total, depuis 1999, le coût relatif de la main-d'œuvre française par rapport à la main-d'œuvre allemande a augmenté de 6,5 %.

Au-delà de la compétitivité-coût cependant, une part croissante de la faiblesse française semble provenir d'éléments hors coûts, plus difficiles à expliquer, et donc à redresser. Une première composante, au niveau microéconomique, est le positionnement et la stratégie des entreprises, souvent moins en haut de gamme qu'en Allemagne. Une seconde composante a trait aux compétences de la main-d'œuvre, et renvoie à la priorité à l'éducation et la formation (*cf. infra*).

La France a réagi et agi, pourtant. Et ce essentiellement dans deux directions : d'abord, des **réformes fiscales** sont venues baisser ou réallouer les prélèvements pesant sur le travail et le capital, et rapprocher la fiscalité française de celles des autres pays développés. Le coût du travail était particulièrement élevé pour l'employeur au niveau des bas salaires. L'objectif légitime de soutenir les bas revenus conduit cependant à davantage passer par des mécanismes publics, de type RSA et prime d'activité ou réductions de contributions sociales : des mesures en ce sens ont été récemment et positivement amplifiées. Le CICE a contribué au rebond de l'emploi observé depuis la fin de l'année 2015 et a été heureusement pérennisé en allégement de charges au 1er janvier 2019. Le taux de l'impôt sur les sociétés a été progressivement abaissé, et l'ISF a été supprimé en 2018.

Les entreprises ont ensuite vigoureusement plaidé en 2020 pour une baisse des impôts de production, que notre pays n'avait objectivement guère les moyens de financer. Après les baisses significatives des dernières années, il serait temps désormais de résister à la tentation toujours renouvelée de baisses d'impôts non financées. La promesse raisonnable – et nouvelle en France –, ce serait bien plutôt aujourd'hui celle de la stabilité fiscale, qui garantisse la prévisibilité aux entreprises (*cf.* chapitre 1).

Le deuxième axe d'action bienvenu, ce sont les **simplifications**. La France se caractérise par une abondance de réglementations qui réduisent la concurrence, découragent les entrepreneurs et freinent l'investissement productif, fût-ce avec les meilleures intentions sociales ou environnementales. Notre pays devrait sortir de ce syndrome français qui compense (mal) toujours plus de règles par toujours plus de crédits d'impôts ou d'aides coûteuses. Ces spécificités contribuent au chômage durable ; elles appellent un effort massif et structuré de simplification. J'entends déjà les arguments des « fatigués des simplifs » : la simplification, c'est compliqué ; et en la matière, on a tout essayé et presque rien obtenu… Eh bien non, je ne me résigne pas : nos concitoyens et les entrepreneurs ne supportent plus cette complexité. Quand Thierry Mandon, secrétaire d'État sous le quinquennat précédent, avait animé ce qui se voulait un « choc de simplification », il avait au moins marqué quelques points.

L'action, pour être équilibrée, doit être menée parallèlement sur le marché du travail et sur celui des biens et services. Le marché du travail est trop polarisé entre les actifs bénéficiant des fortes protections des contrats à durée indéterminée, et ceux qui sont au chômage ou n'ont accès qu'à des contrats précaires. Les jeunes, en particulier, se retrouvent ainsi les premiers exclus du marché du travail en France. Le dialogue social – plus nourri chez nombre de nos voisins, à commencer par l'Allemagne – doit être rénové et décentralisé au niveau de l'entreprise, au plus près de la réalité économique et humaine : c'est l'esprit des nouveaux accords de performance collective. Le retard dans la mise en place d'un modèle de « flexisécurité » à la française, combinant souplesse pour les entreprises et sécurisation des parcours professionnels des salariés, pourrait ainsi mieux être corrigé. De façon très bienvenue, les ordonnances Macron-Pénicaud en 2017 ont accru la flexibilité de l'emploi et simplifié les instances de dialogue social, en préservant l'essentiel des protections des salariés.

Parallèlement, sur le marché des biens, les rentes de certains producteurs pénalisent les consommateurs et augmentent les inégalités. Les effets favorables des réformes peuvent être assez forts et rapides, comme en témoignent en France sur les dernières années les nombreuses créations d'emplois directement induites par le développement des VTC, ou la forte baisse de prix des communications téléphoniques.

La bonne nouvelle, c'est que globalement, ces réformes ont produit des fruits : du million d'emplois nets supplémentaires créés entre 2016 et 2019, un quart, soit autour de 250 000 emplois, est attribuable à l'effet des réformes, selon les estimations de la Banque de France[1]. Avec la baisse du coût du travail via les mesures fiscales et la simplification du droit du travail, les entrepreneurs avaient retrouvé l'envie d'embaucher. Il est essentiel, par-delà le rude choc Covid, de garder le fil de ces progrès collectifs.

---

1. *Cf.* Bulletin de la Banque de France, septembre-octobre 2020, 231/6.

L'éducation et la formation

Une France plus forte, c'est une France avec plus de talents humains et moins de règles inefficaces. La priorité à l'éducation et à la formation s'impose donc pour donner les meilleures chances à chacun. Ce doit même être une exigence, en contrepartie des garanties sociales et d'une forte assurance-chômage.

La France souffre d'une part d'une formation initiale inégalitaire : les résultats de l'enquête PISA de l'OCDE montrent que la corrélation entre le milieu socio-économique des élèves et leur performance scolaire y est plus marquée que dans la plupart des autres pays de l'OCDE, et la plus forte du G7. Elle est pénalisée d'autre part par l'insuffisante adaptation entre la formation des jeunes et des chômeurs et les besoins des entreprises. La formation professionnelle reste en effet mal ciblée et insuffisamment performante au regard de son coût.

Les réformes de l'**éducation** – primaire et secondaire, ainsi qu'une meilleure orientation à l'université – sont naturellement à « temps de retour » plus long que l'apprentissage et la formation professionnelle, puisqu'elles sont à horizon d'une génération. Mais elles sont la clé d'une France avec plus de talents humains et une bien meilleure égalité des chances pour chacun. Notre pays souffre en effet, par rapport à la moyenne de l'OCDE[1], d'une mobilité sociale trop faible et d'une trop grande reproduction des inégalités à travers les générations. Ce constat illustre le « délit d'initié » exposé par le prix Nobel d'économie Jean Tirole : « Comme le reste du système éducatif, l'enseignement supérieur est en France un vaste délit d'initié et échoue dans sa promotion de l'égalité des chances[2]. »

La **formation professionnelle** doit mieux pourvoir les emplois vacants. Ainsi, parmi les dix métiers pour lesquels des difficultés importantes de recrutement sont attendues en 2020, la plupart correspondent à des formations qui peuvent être effectuées en moins d'un an. En matière de formation professionnelle, le système français souffrait jusqu'à présent de trois handicaps majeurs : il était trop complexe ; il n'était pas assez efficace au regard de l'importance des montants en jeu (25 à 30 milliards d'euros par an) ; et il était inégalitaire puisqu'il bénéficiait de façon prépondérante aux plus qualifiés. La loi Avenir Pro votée en 2018 est décisive pour corriger ces difficultés, y compris en confiant largement les rênes aux entreprises et aux branches. Elle doit désormais être appliquée et mise en œuvre résolument. Moins de trois mois après son lancement en novembre 2019, l'application « Mon compte formation » avait été téléchargée par 1 million d'utilisateurs.

1. OCDE, « Opportunities for all – A framework for policy action on inclusive growth », mai 2018.
2. Tribune dans *Les Échos*, 20 avril 2018.

Les regards changent – enfin ! – sur l'**apprentissage**, qui a atteint un nouveau record l'an dernier. Mais il risque de subir le contrecoup de la crise sanitaire : les secteurs les plus impactés par la crise sont également des filières importantes pour l'apprentissage (hôtellerie, restauration, automobile). Et ce alors qu'il demeure massivement sous-développé, comparativement à l'Europe du Nord. La France a deux fois et demie moins d'apprentis que l'Allemagne, et trois fois plus de jeunes au chômage. Cela situe notre marge de progrès.

Réformer l'État

En troisième lieu, la réforme de l'**État** – entendu ici comme la sphère publique globalement – apparaît indispensable. Des administrations publiques modernes, qui rendent des services publics performants, à moindre coût, sont essentielles à la compétitivité de l'économie. L'effort doit concerner tout autant les collectivités territoriales et les administrations de sécurité sociale. Dans ce domaine, la maîtrise des dépenses publiques est clé. La France se caractérise ici par une exception : le niveau des dépenses publiques (55,6 % du PIB en 2019, avant le choc Covid) y reste nettement plus élevé que la moyenne des autres pays de la zone euro (45 %).

Si la France n'inverse pas, à moyen terme, sa longue dérive des finances publiques, elle s'exposera à un double choc négatif : un choc de compétitivité, pénalisée par des « frais généraux de la Nation » beaucoup plus lourds que chez nos voisins européens ; un choc de souveraineté, en n'ayant pas retrouvé la maîtrise de sa dette publique quand les taux d'intérêt remonteront nettement. C'est une question pour l'après-2022, quand notre économie aura retrouvé le niveau d'activité pré-Covid. Une poursuite dans la prochaine décennie de l'évolution des dépenses publiques primaires – hors charges d'intérêts – sur leur tendance antérieure (+ 1,1 % par an en volume entre 2010 et 2019) ne permettrait pas de réduire à long terme notre ratio de dette. Il faudrait donc tendre vers une **stabilisation en volume des dépenses primaires**, hors intérêts de la dette (et à taux de prélèvements inchangés). Certains de nos voisins y sont parvenus, et elle permettrait en une dizaine d'années de ramener notre taux d'endettement de 120 à 100 % du PIB environ. Les effets multiplicateurs des dépenses sur la croissance potentielle de l'économie sont plus forts pour l'investissement public et les dépenses d'avenir comme l'éducation ou la recherche. À l'inverse, les salaires publics, les prestations sociales et baisses d'impôts ont un multiplicateur plus modeste.

La transformation publique est naturellement difficile. Elle passe, plutôt que par des « coups de rabot » d'efficacité décroissante, par des ciblages et arbitrages de priorité – certaines missions devant parfois être renforcées. Les choix en la matière doivent relever du débat démocratique et des autorités politiques légitimes – gouvernement et Parlement. Des *benchmarks* de dépenses par secteur comme ceux initiés par France Stratégie sont cependant riches d'enseignements pour permettre enfin de vrais choix de missions : la France semble par exemple moins efficace sur ses dépenses sociales, et notamment de retraites, celles de logement, ou l'empilement des administrations territoriales et locales après les vagues successives et peu coordonnées de décentralisation.

La transformation publique passe autant par la méthode : des ministères et des agences de service public engagés sur des budgets et des objectifs exigeants mais prévisibles en pluriannuel ; des managers et des fonctionnaires responsabilisés avec plus de délégation et de simplification ; et bien sûr la numérisation des services au public et des processus.

La Banque de France, un exemple de transformation publique

Un service public performant et innovant peut redevenir un grand atout dans la compétitivité française. Nous l'avons hélas un peu oublié, mais cela a souvent été le cas dans notre histoire, des réformes napoléoniennes jusqu'aux premières années de la Ve République. Et là aussi, contre tous les fatalistes du *statu quo* public, je crois que c'est possible : parce que nos voisins l'ont réussi, et parce que nous à la Banque de France y sommes engagés. Je voudrais l'illustrer, sans prétention : naturellement, la Banque de France n'est pas la France. Tout ici n'est pas transposable ; mais notre expérience est plus qu'un cas particulier, un espoir avec quelques enseignements plus généraux.

Avouons-le : la Banque de France n'a pas spontanément, ou n'avait pas, l'image d'un parangon de gestion. Pour beaucoup de commentateurs venaient des images d'abondance – renforcées sans doute par l'or de nos caves, ou celui de la Galerie dorée à Paris –, voire de « privilèges » supposés de ses agents, et globalement d'une « vieille dame » plus respectable dans ses traditions qu'agile dans sa gestion. Au regard de son histoire déjà, cette image un peu poussiéreuse était injuste : peu d'institutions ont su comme la Banque de France s'adapter à la nouvelle donne européenne – la monnaie unique à partir de 1999, la supervision bancaire unique à compter de 2014 –, réduire le nombre de leurs « comptoirs » territoriaux – divisé par près de trois depuis le pic de 270 entre les deux guerres – ou réorienter leurs activités, avec par exemple la fin de l'escompte des effets de commerce ou de l'activité de comptes privés depuis 2004. Et à l'inverse l'instauration, dans chaque département, du traitement du surendettement des ménages en 1990.

Restaient néanmoins en 2015 deux spécificités : la banque centrale la plus nombreuse de l'Eurosystème en termes d'effectifs, en représentant à elle seule plus du quart avec plus de 12 000 équivalents temps plein – bien moins que les 17 500 agents de 1984, mais nettement plus que la Bundesbank allemande avec 10 500. Et une originalité de nature, voire de culture : la Banque de France n'est ni une entreprise concurrentielle, stimulée par ses actionnaires et ses compétiteurs, ni une administration publique soumise à contrainte budgétaire. L'impératif de bonne gestion financière n'est pas totalement spontané, dans une institution riche de ses revenus monétaires issus du privilège d'émission, comme de revenus non monétaires venus de son portefeuille de placement : plus de 6 milliards de résultat brut ces dernières années, dont l'essentiel (5,6 milliards en 2019) revient au demeurant à la collectivité nationale à travers l'impôt sur les sociétés et le dividende versé à l'État.

Pourquoi changer ?

D'emblée vient donc la question au fond la plus difficile : alors qu'il n'est pas de menaces au moins immédiates, pourquoi changer ? C'est là-dessus que je reconnais avoir avec l'équipe de direction le plus cherché, réussi seulement en partie et finalement clarifié quelques convictions.

La première raison évidente à mes yeux était et reste le bon usage de l'argent public. Je l'ai répété souvent, quitte à surprendre nos interlocuteurs y compris syndicaux : cet argent, ces milliards ne nous appartiennent pas ; ils viennent de la collectivité nationale qui nous a reconnu le monopole d'émission, et ils doivent autant que possible lui retourner. Il en va en outre de deux exigences fortes : l'*exemplarité* d'abord. Nous ne pouvons pas plaider toujours et encore la réforme et la maîtrise des dépenses publiques pour les autres, et ne pas commencer par nous l'appliquer à nous-mêmes. Se joue ici la crédibilité même de nos recommandations. Et plus encore la *solidarité* : l'argent public est une ressource rare ; il doit être en priorité affecté là où sont les plus grands besoins, de l'éducation à la santé. La Banque de France et ses agents ont droit à leur juste rémunération et aux moyens nécessaires à leurs missions, ni moins, ni plus : au-delà commenceraient les manquements à l'équité et à la solidarité qui sont des valeurs qui nous animent pourtant fortement.

À tout cela, je crois toujours. Force est cependant de reconnaître que ce meilleur usage de l'argent public – avec des résultats sonnants et trébuchants en centaines de millions d'euros, *cf. infra* – rencontre finalement étonnamment peu d'échos. À l'extérieur d'abord : l'actionnaire unique qu'est l'État se réjouit, nous soutient quand il faut et nous remercie régulièrement de nos efforts, mais n'a historiquement pas été moteur. La presse, qui réclame périodiquement des économies publiques, ne salue guère ce cas de mise en œuvre pratique. Et jusqu'à la Cour des comptes qui a bouclé en 2018 sa dernière revue de la Banque de France : elle a été moins critique que d'habitude, mais elle n'a pas jugé nécessaire d'analyser les économies faites et leurs mécanismes, qui auraient été utiles aussi pour d'autres ; j'ai dit ce regret, comme une occasion manquée de faire avancer la réforme publique.

En interne, et c'est moins surprenant, la meilleure performance budgétaire ne provoque pas non plus à elle seule l'enthousiasme : parce que les hommes et les femmes de la Banque de France ressentent d'abord l'exigence associée, avec des effectifs diminués, des réorganisations à mener, des avancements et augmentations moins automatiques. Mais ils sont sensibles me semble-t-il à un progrès : que l'image de la Banque de France renvoie aujourd'hui un peu moins à nos soi-disant « privilèges » imaginés et à un certain passéisme, et davantage à nos missions et à notre efficacité.

Bref, je suis toujours aussi convaincu de la nécessité et de la possibilité d'économies publiques. Mais je vois, comme nombre d'autres combattants de la réforme publique, que l'incitation y demeure faible. Je ne parle pas ici d'incitations financières personnelles : ce n'est pas notre motivation. Mais d'une forme de reconnaissance collective et médiatique qui nourrirait une dynamique. En attendant, restons-en à un constat simple : l'optimisation de la performance budgétaire reste une raison nécessaire, mais pas suffisante, de la transformation publique.

LA FIERTÉ DES MISSIONS

C'est là que doit jouer une seconde raison, dont nous avons à l'inverse réévalué la puissance : la légitimité des missions et la fierté du travail accompli. J'en veux pour preuve quatre moments, quatre acquis collectifs qui ont marqué ces dernières années. D'abord la clarification de nos missions, nombreuses et souvent mal connues, autour de ce que nous avons appelé « les trois S » : la Stratégie monétaire, bien sûr ; la Stabilité financière, avec notamment l'ACPR ; et les Services à l'économie et à la société, assurés largement par notre réseau territorial. Nous avons en outre affirmé que toutes ces missions étaient égales en importance et en dignité : il n'y a pas d'un côté les seigneurs de la politique monétaire au siège, et de l'autre le poids historique du réseau ; la lutte contre le surendettement ou la cotation des PME sont aussi nobles à nos yeux. Ensuite, l'accroissement de visibilité de la Banque de France sur ces missions : nous sommes passés d'une communication traditionnellement portée par le seul gouverneur à des paroles d'experts et de femmes et d'hommes de terrain beaucoup plus fréquentes y compris en région. Nous avons développé de nouveaux formats – moins institutionnels – pour éclairer les débats économiques : blog de la Banque de France, site Internet sur la Covid et l'économie, réseaux sociaux, et c'est aujourd'hui un fort élément de consensus interne que de voir la Banque de France ainsi mieux connue et reconnue. Nouveauté en troisième lieu de réalisations et engagements additionnels, tout en maîtrisant nos moyens : depuis 2016, nous avons entre autres pris à notre compte une mission nationale d'éducation financière des publics, créé un *Lab* où nous testons des innovations avec les start-up, fortement développé notre action en faveur de la transition écologique – *cf.* chapitre 6 – et structuré notre politique RSE, ce qui est rare pour une institution publique.

La dernière fierté n'est pas la moindre : celle dans la rude épreuve du confinement imposé par la crise Covid d'avoir tenu le cap de nos missions, et des services rendus à la collectivité. Il a fallu en deux jours basculer en télétravail plus de 7 000 collaborateurs de la Banque de France, grâce aux investissements et applications numériques développés ces dernières années. Tous ont dans des conditions parfois difficiles fait leur devoir : de la médiation du crédit pour les TPE-PME jusqu'aux opérateurs de marché engagés pour éviter la crise financière, en passant par ceux qui ont mesuré la conjoncture bouleversée dans chaque secteur d'activité, ou alimenté continûment les territoires en billets de banque. Tout cela grâce à des métiers de support – informatique, RH, immobilier… – totalement mobilisés. Rarement nous avons je crois senti une telle légitimité de notre travail ensemble.

Et donc, le *pourquoi changer* passe par un *combien* – les moyens publics que nous utilisons – mais ne peut s'y limiter : il y a aussi un *pour qui*, pour qui nous travaillons, pour quoi nous combattons. Ici convergent les deux dimensions de la solidarité, qui est une valeur centrale du service public : le juste usage de l'argent public, en même temps que les justes missions au service de nos concitoyens. Là où ils ont besoin de nous aujourd'hui et demain, et sans doute différemment d'hier. Nous ne nous définissons pas par rapport à nous-mêmes, si prestigieuse que soit notre histoire depuis notre création par Bonaparte en 1800. Nous ne sommes légitimes qu'au service des Français et des Européens. Cette « extraversion » est, je l'espère, le meilleur changement culturel que nous sommes en train de réussir collectivement.

CE QUE NOUS AVONS FAIT

Nous avons coutume, au fil des rapports annuels par lesquels nous rendons compte régulièrement, de résumer nos résultats en trois expressions : moins de coûts, davantage de services, un réseau territorial maintenu. Chacun des points de ce triangle est important et ils « font système » ensemble. Mais c'est d'abord sur les coûts que l'évolution est la plus mesurable, et la plus spectaculaire. Nos effectifs ont diminué de plus de 20 % entre fin 2015 (12 269 équivalents temps plein) et fin 2020 (9 549). Nous l'avons fait par non-remplacement de nombre des départs à la retraite : qu'on ne croie pas pour autant que ce soi-disant « dividende démographique » rende les choses faciles, j'y reviendrai. Nous avons pu parallèlement poursuivre des recrutements, pour plus de 1 500 sur la période 2016-2020, et c'est évidemment essentiel pour la préparation de l'avenir. Ainsi, si les salaires individuels ont heureusement augmenté, la masse salariale globale a diminué et nous y avons associé une réduction graduelle de nos autres frais généraux, année après année. Le résultat global est impressionnant : comme nous nous y étions engagés début 2016, nous avons réduit nos dépenses totales d'activité de plus de 10 % en euros courants, 12,8 % exactement en 2019, ce qui représente une économie récurrente de 134 millions d'euros par rapport à 2015. C'est l'équivalent chaque année de milliers de recrutements possibles d'infirmières. Peu d'institutions publiques ont réalisé une trajectoire équivalente : une baisse en volume de 4 % par an. Comme quoi la simple stabilité en volume des dépenses publiques évoquée plus haut est possible, même si nous en sommes encore loin hélas au plan national.

Avec ces moyens optimisés, nous avons accru les services que nous rendions. D'abord naturellement par une vraie offre multicanal sur nos services aux publics, dont le surendettement ou le droit au compte : tout continue à pouvoir se faire par rendez-vous physique pour ceux qui le préfèrent – nous refusons l'exclusion numérique, face à des publics souvent défavorisés –, mais presque tout est maintenant possible par téléphone ou en ligne. En deux ans, nous avons ouvert plus de 200 000 espaces Internet personnalisés pour des particuliers. Mais surtout par de nouvelles missions que j'ai citées plus haut : nous croyons en particulier beaucoup à l'« éducation économique et financière » des publics dans leur diversité, des jeunes avec l'Éducation nationale aux personnes défavorisées pour qui c'est une prévention possible du surendettement. L'ouverture de Citéco, le magnifique – et ludique – musée de l'Économie de la Banque de France, à Paris en 2019 en a été un bel emblème.

Une diminution – celle des coûts –, une augmentation – celle des services – et un maintien : celui du maillage territorial[1]. C'est là un choix voulu, revendiqué. Une vision rationaliste voire technocratique voudrait que la Banque de France ne maintienne que des plateformes régionales : la Cour des comptes n'a pas échappé à cette suggestion dans son rapport de 2018. Non, durablement, nous nous engageons à maintenir au moins une succursale par département, avec un directeur de plein exercice : parce que cette « présence de place » visible est attendue de nos interlocuteurs, élus, administrations, mais aussi entreprises et associations. Parce que ce maillage de proximité est la condition de la réforme publique, face au sentiment d'abandon des villes moyennes. Et parce qu'il n'est en rien incompatible avec des économies substantielles : nous préservons partout le *front-office* et les contacts,

1. Hors services de caisse, compte tenu de la baisse de l'usage du billet de banque, sur lesquels plusieurs plans d'adaptation ont été conduits depuis deux décennies, dont le plus récent annoncé en janvier 2021.

mais nous avons regroupé les *back-offices* dans des centres de traitement partagés interdépartementaux, et réalisé ainsi de substantiels gains de productivité. En cinq ans, les effectifs du réseau auront diminué de plus d'un tiers, en gardant une forte efficacité opérationnelle sur le terrain.

Comment changer ?

Ces résultats sont parlants, et nous pouvons légitimement en tirer une certaine fierté. Mais jamais au point de nier les difficultés, ni de prétendre donner des leçons aux autres réformateurs publics. Ils sont plus nombreux qu'on ne le croit, souvent discrets, et toujours courageux dans un environnement peu porteur, je l'ai dit. L'indépendance de la Banque de France me donne la chance de parler avec plus de liberté, et j'espère en leur nom. J'avoue ne pas aimer une tendance politique qui s'est installée, depuis sans doute la présidentielle de 2007, à attribuer à l'administration, et notamment à la « haute administration », tous les maux du conservatisme de notre pays. Des commentateurs dénoncent parallèlement les « inamovibles de la République », en se targuant d'avoir fait là une découverte ; le thème est à vrai dire plus médiatique que nouveau… Je ne réagis pas par corporatisme simpliste : je n'ai pas d'avis fort sur la suppression de l'ENA, et je ne mourrai pas pour défendre les grands corps. Mais parce que la France a la chance d'avoir des fonctionnaires – et notamment des cadres dirigeants publics – compétents, honnêtes et légitimistes. J'ai servi auprès de deux ministres, Pierre Bérégovoy et Dominique Strauss-Kahn, qui n'étaient ni énarques ni hauts fonctionnaires ; le premier était même autodidacte. Je n'ai entendu aucun des deux critiquer son administration ; par contre je les ai vus tous les deux bien s'en servir pour atteindre leurs buts.

À partir de notre expérience, on peut me semble-t-il identifier quatre conditions du changement, un « carré des leviers » qui forment peut-être autant de souhaits au-delà même de la Banque de France. Puis deux obstacles, allégués ou réels, sur lesquels je reviendrai.

LE CARRÉ DES LEVIERS

Premier levier, le plus évident : la durée. On ne fait rien dans l'horizon du budget annuel, et c'est le drame de la procédure budgétaire dans l'État. Nous avons donc repris et amplifié la pratique de « cycles stratégiques » au sein de la Banque de France : nous en avons fait un plan stratégique, chiffré, engageant, « Ambitions 2020 » pour le plan élaboré en 2016 ; nous faisons de même pour le prochain plan à horizon 2024 que nous construisons ensemble aujourd'hui. Ensemble, car la portance collective est essentielle : celle d'abord des douze membres du Comité de direction qui décident puis sont chacun responsable de la mise en œuvre dans leur champ. Celle plus largement des centaines de managers, de non-cadres, et depuis trois ans du « comité perspectives jeunes » – réunissant une vingtaine de moins de 35 ans qui sont notre poil à gratter –, impliqués dans les groupes de travail préparatoires. La construction, sur quelques mois, équilibre donc le *bottom-up* des propositions et le *top-down* des arbitrages finaux. Réglage subtil, où le tempérament « directif » du patron doit savoir de temps en temps se refréner…

Ce qui amène au second levier du changement : la délégation des responsabilités. J'y crois profondément en matière budgétaire. À la Banque de France, chaque directeur général est maintenant en charge de l'enveloppe de ses effectifs et de celle de ses frais généraux, globalisée et pluriannuelle à horizon du plan. Ces enveloppes sont exigeantes, et négociées de près en amont : mais la contrepartie de l'exigence, c'est la prévisibilité et la fongibilité. Ce n'est plus à la direction financière de surveiller l'affectation détaillée des moyens dans des centaines de postes de nomenclature budgétaire. Cette logique d'enveloppes, et de contrat, a beaucoup simplifié nos discussions budgétaires annuelles. Elle est largement transposable dans l'État, aux ministères et grandes administrations. Nous l'avions d'ailleurs retenue en 2008 comme une des 20 propositions majeures du rapport Attali, dont Emmanuel Macron était le rapporteur général adjoint. Mais douze ans après, pratiquement aucun progrès n'a été fait : les discussions entre le Budget et les ministères « dépensiers » restent chaque année encalminées sur quelques dépenses nouvelles, marginales par rapport au total des dépenses reconduites, et sur les affres de la « régulation » en cours d'année. Le jeu de rôles est chronophage et déresponsabilisant de part et d'autre.

Ce levier d'autonomie doit aller au-delà des enveloppes budgétaires, et nous avons ici encore des progrès à faire : la subsidiarité des décisions, au plus près des managers de terrain – je pense en particulier à nos directeurs régionaux. Et la simplification des procédures, universellement demandée et toujours à recommencer. Comme l'herbe qui repousse, les sièges produisent du contrôle et les fonctions produisent des procédures : les raisons en sont souvent fondées, et j'y sacrifie moi-même fréquemment. Mais il faut là aussi savoir se limiter à l'indispensable et « nettoyer » régulièrement les contraintes héritées du passé ou devenues inutiles. Car il est peu de motivations aussi fortes pour changer que de voir accroître son autonomie et sa liberté d'action. Les jeunes notamment nous l'imposent : la discipline ne peut plus être la seule force des armées, l'initiative en est la contraposée.

En parallèle de ce levier managérial, que je crois décisif, le troisième levier est plus stratégique : savoir investir dans les changements qui provoqueront des économies. Nous nous étions engagés dans le plan « Ambitions 2020 » à investir 1 milliard d'euros en cinq ans, et nous l'avons fait. Et plus globalement nous avions identifié 59 actions de transformation – c'est sans doute trop –, que nous avons soutenues et suivies. Les économies procèdent en partie de la transformation des processus, de la numérisation des tâches et des outils de chacun, voire de réformes stratégiques des missions. Cette approche stratégique, « intelligente », me paraît sous-tendre la démarche menée depuis 2017 au plan national sur la réforme de l'État. On ne peut qu'en être d'accord, mais avec deux bémols : l'approche « managériale » présentée plus haut, par les enveloppes et la responsabilisation, est au moins aussi efficace et peut, elle, fonctionner sans préalables. Et la théorie de la « bosse » qui sous-tend souvent l'approche stratégique – commencer par dépenser plus pour ensuite espérer dépenser moins – me paraît très suspecte : la France y succombe depuis vingt ans, d'investissements publics massifs en baisses d'impôts qui allaient prétendument s'autofinancer. Les économies, ce peut et ce doit être maintenant. À la Banque de France en tout cas, nous avons sans dommage abandonné la théorie de la bosse.

Le quatrième levier est sans doute le plus important, et parfois le plus sous-estimé car le plus immatériel : la « conduite du changement » associant les hommes et les femmes, à commencer par les managers. Rien ne peut se faire sans eux. Cela veut dire qu'on ne passe jamais assez de temps à les impliquer, informer et écouter, ni ne consacre assez de moyens à les soutenir au quotidien. Nous l'avons tenté à la Banque de France : convention annuelle des 600 managers les plus importants ; réunions régionales et au siège de tous les managers, y compris en 2017 dans une démarche participative renforcée, « expliquer et impliquer/simplifier et déléguer » ; responsabilité accrue dans l'évaluation de leur équipe et dans la mise en œuvre concrète des réformes, avec retours d'expérience aussi fréquents que possible. C'est particulièrement important pour les managers « intermédiaires », que je préfère appeler de proximité : ils sont à la charnière entre l'encadrement supérieur, qui en général adhère, et les agents qui sont plus réticents. En avons-nous fait assez ? Sans doute pas encore, mais je tiens, lors de chaque déplacement que je fais, à voir à part les managers, à entendre et « sentir » leurs difficultés, et à leur apporter des réponses. Parallèlement et pour tous cette fois, nous avons augmenté notre effort de formation : regroupement de nos formations dans une « Université Banque de France » composée de treize écoles professionnelles ; pilotage confié non plus seulement à la RH mais à chacun des métiers concernés – cela change beaucoup ; maintien d'un investissement de formation à plus de 7 % de la masse salariale – un des taux les plus élevés dans les entreprises françaises ; et bénéfice chaque année d'au moins une formation pour plus de 85 % des collaborateurs.

DEUX DÉFIS

Le premier obstacle souvent avancé à la transformation publique, et peut-être déjà venu à l'esprit du lecteur, est celui des syndicats. Quitte à surprendre, je ne crois pas cependant que le dialogue social soit condamné à un jeu de rôles stérile. D'abord parce qu'il faut reconnaître que les syndicats sont représentatifs, avec pour la Banque de France un taux de participation aux élections professionnelles de plus de 60 % en 2019, et un vote réparti entre quatre organisations au-dessus du seuil de représentativité de 10 % – CGT, Syndicat national autonome (SNA), CFE-CGC et FO. Chaque organisation a son histoire, ses électeurs, ses intérêts et thèmes de combat, son style plus ou moins rugueux. Mais toutes ont des choses à nous dire légitimement. J'apprends toujours quand je préside – en alternance avec Denis Beau, le sous-gouverneur fortement impliqué dans ces transformations – le CSEC, le Comité social et économique central, même si souvent je ne suis pas d'accord… et je le dis. La condition me paraît être, au moins, que nous nous fassions crédit de notre bonne foi des deux côtés de la table et que nous soyons au clair sur les rôles de chacun : ce ne sont pas les syndicats qui dirigent l'entreprise, et personne ne souhaite la cogérer. C'est l'équipe de direction qui *in fine* décide, mais après avoir pris en compte des alertes syndicales qui peuvent être fondées, et adapté en conséquence la mise en œuvre.

Je n'ai aucune difficulté à reconnaître que certaines de nos décisions dans « Ambitions 2020 » sont issues de demandes syndicales. Et nous avons pu depuis 2017 beaucoup simplifier des instances trop nombreuses, grâce aux ordonnances Macron-Pénicaud, et diminuer de moitié les moyens des organisations syndicales – ils restent significativement supérieurs aux obligations légales. Plus encore, nous avons pu signer à l'unanimité des accords d'entreprise importants, comme par exemple sur l'intéressement des agents à nos efforts d'économie – étape décisive pour notre culture collective. Le développement accru du télétravail, après le confinement qui a été une période de dialogue social renforcé, a aussi vu la conclusion d'un accord unanime fin 2020.

L'autre défi est bien réel : c'est la difficulté du changement pour nombre d'agents, en particulier les plus âgés et les moins polyvalents ou qualifiés. Nous mesurons régulièrement leur satisfaction et leur confiance dans l'avenir à travers un baromètre social, et elle a baissé notamment chez les quinquagénaires du réseau. Ce ne peut être une raison de freiner la transformation : diriger une grande institution publique, ce n'est pas affaire de popularité personnelle ou de référendum interne. Mais il faut prendre au sérieux plusieurs interrogations. Deux sont collectives : le sentiment d'abord que la réforme casserait « la Banque d'avant », qui protégeait mieux ses agents du monde extérieur. Dit comme cela – je l'ai entendu plusieurs fois –, il faut évidemment résister, et souligner que notre rôle n'est pas et ne sera jamais de « protéger » plus des personnels qui le sont déjà significativement. Mais être attentif par contre à la permanence de nos *valeurs*, alors même que le mode d'exercice de nos missions doit changer. Nous avons associé 4 000 agents à la définition de ces valeurs, dont l'expertise et la solidarité.

Une seconde interrogation porte sur les diminutions d'effectifs : même si personne n'est victime d'un départ contraint à la Banque de France, la réduction des effectifs reste un sujet fort de désaccord. À mes yeux aujourd'hui, celui-ci tient à deux raisons : d'abord le sentiment, trop simpliste mais très humain, que l'importance d'une organisation, ou d'un service, tient avant tout à sa taille. Mais plus profondément, le poids symbolique lourd, pour une personne qui part en retraite, de ne pas être remplacée ; est-ce à dire que son travail était inutile ? Non, mais il nous faut beaucoup expliquer que les *process* peuvent et doivent changer au fil du temps. Depuis quatre ans, nous avons organisé une journée annuelle des partants en retraite, un peu festive : nous tenons à les mettre à l'honneur et à les remercier, et ceci « fait du bien » je crois des deux côtés.

Reste une difficulté individuelle bien réelle : il est objectivement angoissant et pénible, pour un homme ou une femme qui n'avait pas, depuis deux ou trois décennies, changé de métier, de lieu, de collègues, de se voir soudain demander de nouvelles tâches, de nouvelles habitudes. Nous avons essayé au maximum de réduire les mobilités géographiques, les plus porteuses de ruptures : nous avons réussi à faire évoluer plus d'un millier d'emplois en limitant *in fine* à une grosse centaine les mobilités géographiques imposées, quasi exclusivement sur le réseau des caisses. Mais les mobilités « fonctionnelles », sur place, exigent aussi un effort d'adaptation. Nous ne ferons jamais assez attention à l'accompagnement nécessaire de chacun, et en particulier des plus fragiles. Sans renoncer à l'exigence de changement : manquer d'exigence envers une personne, c'est lui manquer de respect en imaginant qu'elle n'a aucune marge de progression. Mais en prenant le temps nécessaire et les modalités personnalisées, avec les managers concernés, pour que ce changement ait de meilleures chances de succès. Et, pour l'avenir, se donner une règle évidente : ne jamais enfermer un collaborateur trop longtemps dans la même tâche. C'est confortable de part et d'autre ; mais le risque que s'installe la routine est le plus sûr moyen de lui faire perdre progressivement son énergie, ses capacités d'évolution, et par là une part de ses compétences.

Je suis – nous sommes – conscient des difficultés et des imperfections de cette transformation en cours. Mais au total, nous sommes en train de faire ce que les citoyens avaient demandé en 2019 dans le « grand débat » : un service public de compétence et de proximité, performant et accessible. C'est possible, et c'est une bonne nouvelle.

CHAPITRE 6

Réinventer notre modèle[1]

La pandémie qui a durement frappé nos pays aura ébranlé beaucoup de nos certitudes et amplifié bien des contestations : celle de la mondialisation, et celle d'un modèle de développement jugé non soutenable. La jeunesse d'Europe, notre jeunesse est en première ligne de ces exigences de renouvellement. Elle nous dit l'espoir que cette rude succession de crises depuis 2008 puisse aussi enfanter un monde nouveau, et une économie plus innovante et plus durable[2]. Et ce pourrait alors être la chance de réponses européennes plus fortes face à ce monde incertain, bouleversé et peu coopératif.

1. Ce chapitre s'inspire notamment des interventions suivantes : symposium pour les 75 ans de Bretton Woods, Banque de France, juillet 2019 ; leçon inaugurale de l'École des affaires internationales, Sciences Po, septembre 2019 ; 1re conférence internationale des superviseurs sur le risque climatique, Amsterdam, avril 2018 ; *Revue de stabilité financière* sur la finance verte, juin 2019 ; remise du prix « Éthique en finance », Paris, janvier 2018 ; rencontres d'Aix-en-Provence sur le thème « L'éthique est-elle un frein économique ? », juillet 2018.
2. *Cf.* l'analyse de Rober Boyer, un des pères de l'école de la régulation, dans *Les Capitalismes à l'épreuve de la pandémie*, La Découverte, 2020.

Dans la crise actuelle de la mondialisation, l'Europe n'a pas à raser les murs ; elle a à affirmer et proposer un modèle, son modèle social, environnemental et – osons le mot – éthique. L'Europe, si elle en a l'audace, est bien placée pour apporter des réponses concrètes aux attentes des citoyens du monde, dans la veine de Stefan Zweig qui, dès 1934, décrivait admirablement l'état d'esprit du grand Européen que fut Érasme de Rotterdam : « Au lieu d'écouter les vaines prétentions des roitelets, des sectateurs et des égoïsmes nationaux, la mission de l'Européen est au contraire de toujours insister sur ce qui lie et ce qui unit les peuples[1]. » Ce lien nécessaire me fait commencer par la refondation du multilatéralisme, avant d'en venir au contenu même du modèle à réinventer. Car autant qu'une crise de gouvernance, les difficultés de la coopération internationale révèlent un défi sur les valeurs[2].

Crise du multilatéralisme et défi sur nos valeurs

Aujourd'hui, le multilatéralisme est confronté à une crise majeure, autour notamment des deux grandes institutions de Bretton Woods – le Fonds monétaire

1. S. Zweig, *Érasme, grandeur et décadence d'une idée*, traduction d'Alzir Hella, Le Livre de Poche, 1996.
2. *Cf.* B. Badré, *Voulons-nous (sérieusement) changer le monde ?*, Mame, 2020.

international (FMI), pour la coopération économique et financière, et la Banque mondiale, pour le soutien au développement – et de l'Organisation mondiale du commerce (OMC).

Les tensions liées à la crise Covid ont favorisé les comportements non coopératifs, singulièrement de la part tant de l'administration Trump que des autorités chinoises, emmurées dans leur propagande Covid. Les réunions internationales, du G7 au G20, sont devenues hélas en 2020 une litanie virtuelle, une succession de discours sans dialogue. Le scénario le plus pessimiste serait une implosion du système de Bretton Woods, impliquant un retour en arrière, avec la montée du protectionnisme et du bilatéralisme. Un scénario plus prometteur – celui pour lequel nous devons nous battre – consisterait à sortir renforcés de cette crise en reconstruisant des solutions communes.

Nous avons, avec la Banque mondiale et le FMI, bien accompagné le prodigieux développement de la mondialisation. Personne ne l'a fait avec plus de chaleur et de détermination que Michel Camdessus, directeur général du FMI pendant treize ans (1986-1999), et auparavant gouverneur de la Banque de France[1]. La pauvreté a reculé au plan mondial : depuis 1990, le nombre de personnes en situation de pauvreté

1. M. Camdessus, *La scène de ce drame est le monde. Treize ans à la tête du FMI*, Les Arènes, 2014.

extrême dans le monde a diminué de 1,1 milliard[1]. Mais aujourd'hui, nous sommes confrontés au défi de la remise en cause du libre-échange et de l'aspiration à d'autres « biens publics mondiaux » – à commencer par le changement climatique et l'inclusion sociale. Derrière ces critiques mêmes, il y a souvent nos valeurs européennes.

Dans ce contexte, l'Europe doit, notamment avec le Canada et le Japon, se faire encore davantage le champion de la méthode et des valeurs multilatérales. À défaut, le virus aura été défait sur le plan sanitaire, mais il aura triomphé sur le plan économique et politique en semant plus encore la division et l'appauvrissement collectif. Pour éviter cela, il nous faut assumer un changement de paradigme et affirmer un nouveau modèle européen. Face aux fortes attentes de justice, de transition écologique, d'éthique, ce modèle de croissance doit rester social – c'est ce qui définit l'Europe même – mais s'élargir pour devenir plus responsable et plus vert. Et que ce ne soient pas des mots mais des réalités concrètes.

1. Banque mondiale, « Rapport 2018 sur la pauvreté et la prospérité partagée : compléter le puzzle de la pauvreté ».

Une croissance plus juste : la lutte contre les inégalités

Le sentiment d'injustice – fût-il au-delà parfois de la réalité des chiffres – mine nos démocraties. Soyons francs : nous avons sous-estimé ces attentes, trop longtemps. Le « consensus de Washington » noué à la fin des années 1980 était économiquement solide, et socialement trop faible. Trop souvent, la mondialisation est ressentie comme profitant essentiellement aux grandes compagnies – et à leur évasion fiscale – ainsi qu'aux classes aisées, mobiles à l'international, et à la croissance rapide de leurs revenus. Les inégalités entre pays – y compris entre le Nord et le Sud – ont diminué, celles à l'intérieur des pays ont augmenté.

La montée des inégalités est redevenue – heureusement – un enjeu économique et social majeur, comme en témoignent le succès des travaux de Joseph Stiglitz et Thomas Piketty, et d'abord aux États-Unis. Ce problème trop longtemps refoulé est au cœur des résultats électoraux – de Donald Trump au Brexit ; il est une des clés de la crise démocratique et de la montée des populismes. Sur le plan économique, les institutions internationales, l'OCDE et le FMI, ont étudié l'impact des inégalités sur la croissance. Leur constat est clair : des inégalités persistantes réduisent le potentiel de croissance de long terme des économies. Selon certaines estimations de l'OCDE[1], aux États-Unis et au Royaume-Uni, la hausse du PIB par tête entre 1990 et 2010 aurait été supérieure de 20 % si les inégalités de revenu n'avaient pas progressé.

Ici, le modèle européen est riche d'enseignements. Tout d'abord parce qu'il est moins inégalitaire, via la redistribution notamment. Selon le Laboratoire sur les inégalités mondiales, après redistribution, en moyenne, les ménages faisant partie des 10 % les plus riches aux États-Unis ont un revenu douze fois supérieur à celui des 50 % les plus pauvres alors que ce ratio est à huit en Europe. Ce ratio a doublé aux États-Unis depuis 1980 alors qu'il est resté relativement stable en Europe[2].

La protection sociale y joue un rôle essentiel : elle définit même l'Europe, qu'elle soit d'origine bismarckienne – dans l'Allemagne de 1880 – ou béveridgienne dans la Grande-Bretagne de 1945. Ensuite, le modèle européen organise les relations du travail et les rapports de force économiques de manière plus équilibrée entre employeurs et salariés. La Charte des droits fondamentaux de l'Union européenne le consacre, qu'on soit ensuite dans des traditions nordiques via la négociation ou latines via la réglementation. Enfin, un

1. F. Cingano, « Trends in income inequality and its impact on economic growth », OECD Social, *Employment and Migration Working Papers*, 2014, n° 163, OECD Publishing, figure 3.
2. Laboratoire sur les inégalités mondiales, « Le modèle social européen a-t-il résisté à la montée des inégalités ? », *Note thématique*, mars 2019.

haut niveau de services publics reste un facteur central d'intégration, des transports à la santé. Sur le niveau des dépenses publiques, il y a des différences importantes entre pays européens : la France en a malheureusement le niveau le plus lourd avec 56 % du PIB pré-Covid, et doit rendre sa sphère publique plus efficace (*cf.* chapitre 5). Mais la moyenne de la zone euro, avec 47 %, illustre un choix de société différent des États-Unis (36 %) ou du Royaume-Uni (39 %), et *a fortiori* des grands pays émergents.

Redistribution et protection sociale/relations du travail/services publics : appelons cela modèle social européen, ou *Soziale Marktwirtschaft* si on est allemand et plus libéral. Et parlons désormais d'économie sociale *et durable* de marché. La grande majorité de nos concitoyens, au-delà de leurs différences nationales ou politiques, tient à cette matrice commune. Affirmons-le, sans honte : ce n'est pas seulement un héritage du passé, c'est un atout aujourd'hui. Mais reconnaissons que cette ambition de justice sociale n'est plus suffisante. On ne peut se contenter d'une « réparation » *ex post* des inégalités. C'est *ex ante* qu'il faut augmenter l'égalité des chances pour tous.

L'éducation comme fondement

La priorité absolue à l'éducation est claire : offrir à chaque citoyen les mêmes opportunités de réussite, et ce indépendamment de son origine sociale. Elle est la meilleure préparation de chacun à l'économie de la connaissance et aux ruptures technologiques qu'il devra affronter. Elle est la première condition de la mobilité sociale, pour réduire les inégalités « longitudinales » entre générations. Et ainsi, elle augmente la croissance en accroissant le « capital humain » d'un pays.

Nous, Européens, avons parmi les meilleurs systèmes d'école et de formation professionnelle. Que l'on pense aux performances de la méthode éducative finlandaise ou à la qualité de l'apprentissage allemand ou suisse. Les compétences des élèves européens sont en moyenne supérieures à celles des élèves des pays de l'OCDE qu'il s'agisse des scores en mathématiques, sciences ou compréhension de l'écrit. Outre qu'ils sont plus performants, nos systèmes éducatifs sont plus démocratiques grâce à des taux de scolarisation plus élevés (91 % en Europe contre 86 % aux États-Unis) et des frais de scolarité en moyenne plus faibles.

Mais à l'évidence, en matière d'éducation, il existe un gros écart Nord-Sud en Europe ; et la France – il faut bien le dire – est « sudiste » et inégalitaire. Cet échec collectif, commun au sud de l'Europe, se double d'un autre défi : développer enfin l'apprentissage et la formation professionnelle. Il y a aujourd'hui moins de jeunes en apprentissage en France, Italie et Espagne réunies que dans la seule Allemagne… alors qu'il y a beaucoup plus de jeunes, et de jeunes au chômage (*cf.* chapitre 5). Ce n'est pas un paradoxe, c'est une explication… et un appel à l'action.

Une croissance plus responsable

L'ambition d'une croissance plus responsable fait d'abord écho aux travaux de nombreux chercheurs qui tentent de corriger les excès du « capitalisme », dont par exemple l'économiste turc et américain Dani Rodrik qui met en avant les dysfonctionnements du capitalisme libéral. Je veux citer cependant ici deux Français, apparemment de rives opposées : Jean-Dominique Senard et Michel Aglietta. Le premier, patron, nourri de la tradition du catholicisme social, a présidé en novembre 2019 les XVIe entretiens de Royaumont, dont le titre même dit une aspiration qui monte : « Le capitalisme peut-il être responsable ? ». Oui, si l'Europe assume sa mission historique entre un capitalisme anglo-saxon de maximisation des profits à court terme et un capitalisme d'État aux séductions peu démocratiques ailleurs. Jean-Dominique Senard est ici le digne héritier de Michel Albert et de son célèbre *Capitalisme contre capitalisme*[1] en 1991. Cela veut dire porter dans l'entreprise le long terme, les intérêts des

1. M. Albert, *Capitalisme contre capitalisme*, Seuil, 1991.

salariés et autres parties prenantes – en sus de la valeur actionnariale – et la soutenabilité environnementale.

Michel Aglietta est économiste, plutôt hétérodoxe et d'une créativité infatigable, comme en atteste son dernier *Capitalisme, le temps des ruptures*[1]. Lui se situe davantage dans le champ de la régulation macroéconomique et sociale. Le « néolibéralisme » triomphant depuis les années 1980 a échoué dans les crises financières, mais plus profondément par deux limites liées entre elles. D'abord son incapacité à produire pour tous les « biens premiers » communs chers à John Rawls, dont l'éducation, la santé, et aujourd'hui l'environnement. Ensuite sa négation du nécessaire débat collectif, indispensable pour dépasser l'« impossible agrégation » des préférences individuelles, devenue même confrontation dans la crise actuelle de nos démocraties.

On peut ne pas partager certaines de ces vues, ou les trouver parfois utopiques dans la rude compétition économique globale. Mais nul ne peut nier qu'elles expriment les préoccupations d'un nombre fortement croissant de citoyens dans tout le monde avancé. De nombreuses affaires ont d'ailleurs montré que les exigences des citoyens et des clients sont devenues considérablement plus grandes en matière de réputation, ou d'environnement qu'il y a vingt ans, et c'est une force de progrès de notre société.

1. M. Aglietta (dir.), *Capitalisme, le temps des ruptures*, Odile Jacob, 2019.

Il y a un coût croissant de la non-éthique, y compris dans l'économie contemporaine et particulièrement dans le domaine financier. Ce sont d'abord les amendes, et le risque de réputation. Les entreprises ont appris, notamment depuis la crise de 2007-2009, que les fautes d'éthique peuvent même être mortelles. Depuis, nous avons beaucoup et heureusement renforcé les règles. Avec celles dites de « Bâle III » pour les banques et, au moins en Europe, de « Solvabilité II » pour les assurances, les exigences quantitatives sont renforcées pour assurer une plus grande résilience, la gouvernance des établissements financiers est améliorée et les politiques de rémunération des banquiers sont un peu mieux encadrées.

Il y a également une raison plus positive : la prise en compte des *stakeholders*, des parties prenantes, au-delà des seuls actionnaires, renforce l'entreprise. Là aussi, il ne faut ni illusion, ni angélisme. Il ne s'agit pas de croire n'importe quelle communication d'entreprise, notamment aux États-Unis avec la vogue du triple P – *profit, people, planet* – de façon un peu facile. Il ne s'agit pas non plus, dans le sens inverse, de céder à n'importe quel diktat médiatique des ONG. De temps en temps, certains sont excessifs. Je crois profondément à une responsabilité sociale et environnementale (RSE) authentique. Le critère, c'est que cette RSE « morde », qu'elle amène à changer des choses, et que ses effets soient mesurables.

À la Banque de France, nous avons choisi de développer un engagement de RSE, ce qui est assez atypique. En effet, peu d'institutions publiques en ont un, en raison de leurs missions de service public qui sont déjà par nature au service de la société. Mais alors que nos missions marquent notre utilité externe, notre RSE doit marquer de plus en plus notre exemplarité interne : nous avons lancé le travail sur une méthode pour nos choix d'investissement qui intègre les variables extrafinancières, dont les effets sur l'environnement.

Un mot sur ces performances extrafinancières : leur mesure tend à se développer et c'est heureux. Des agences de notation spécialisées sont nées, dont Vigeo créée par Nicole Notat. Patrick de Cambourg, président de la très sérieuse Autorité des normes comptables – qui préside aussi notre nouvelle Commission Climat de l'ACPR – a publié en 2019 un rapport remarqué sur les « informations extrafinancières ». Mais l'Europe, leader incontestable de l'investissement responsable, est en risque dans la bataille des *ratings* et des agences face à la puissance américaine : Vigeo a dû se vendre à Moody's, et tous les grands acteurs transatlantiques pénètrent ce marché « responsable » en forte croissance. Il serait très dommage que l'Europe, ayant gagné la première manche sur les valeurs, perde la seconde manche sur leur mesure.

Changer les pratiques

Comme le dit le rapport *Banking Conduct and Culture* du G30[1], qui a réuni des banquiers privés, des banquiers centraux et des académiques, il est vital d'allier « *tone from the top* » et « *echo from the bottom* ». Cela signifie en premier lieu que les dirigeants et les managers doivent bien comprendre que leurs comportements sont observés en permanence et donnent des signes de ce qu'il est admis de faire ou de ne pas faire, quelles que soient leurs déclarations d'intention. Les actes parlent plus que les mots.

Cela signifie ensuite que les salariés doivent être sensibilisés et formés régulièrement en matière d'éthique, pas seulement lors de leur recrutement. Le contexte change, l'actualité peut être l'occasion de réfléchir aux pratiques, les attentes des parties prenantes évoluent. L'éthique doit faire l'objet d'une communication soutenue et d'une formation continue au même titre que les sujets techniques. Et c'est loin d'être facile : « L'éthique d'entreprise n'est pas basée sur l'obéissance mais sur l'adhésion et le discernement[2]. » Les salariés doivent être en mesure d'identifier les « zones grises » éthiques, même en l'absence de leur manager et de règle claire.

1. *Banking Conduct and Culture. A Permanent Mindset Change*, novembre 2018.
2. Observatoire de la responsabilité sociétale des entreprises, « Éthique, responsabilité et stratégie d'entreprise », 2017.

Pour irriguer les pratiques, l'éthique doit être une partie intégrante des politiques et dispositifs RH. Ainsi, lors des procédures de sélection en vue de recrutement externe ou de promotion interne, en particulier vers des fonctions managériales, l'intégrité passée des candidats doit être évaluée sérieusement et prise en compte. L'éthique est une valeur en soi. Les performances ne peuvent pas compenser ni excuser un comportement critiquable sur le plan éthique. Des résultats obtenus au détriment de l'éthique ne devraient pas être récompensés et au contraire devraient être sanctionnés pour passer les bons signaux sur les comportements attendus, y compris des managers des salariés concernés.

Je conclurai par une dimension plus individuelle mais qui est pourtant extraordinairement importante. On ne réglera pas tout par les règles et par le collectif, on ne peut pas prévoir toutes les situations. La conscience compte. Sans la moindre prétention à donner des leçons de morale, elle peut passer par trois voies.

D'abord l'exemplarité pour les dirigeants d'entreprise, pas du tout au sens où ils prétendent être exemplaires et sans défauts, mais au moins qu'ils s'appliquent à eux-mêmes, avec une grande cohérence, ce qu'ils demandent à leurs équipes.

Ensuite l'échange. Il faut qu'un salarié dans chacune de nos entreprises ou de nos organisations publiques, comme la Banque de France, puisse parler avec ses managers de sujets éthiques, de doute éthique, avec la même liberté, la même légitimité, la même facilité qu'il le fait sur des sujets professionnels. C'est une question de *process,* le droit d'alerte, mais c'est aussi beaucoup une question de climat de confiance dans l'entreprise.

Le troisième E, peut-être un peu plus personnel, c'est l'enracinement. Je pense qu'une conscience se nourrit de plus profond, de plus grand que nous et d'extérieur à nous. Elle se nourrit d'une culture. Elle se nourrit d'un recul critique et d'un pas de côté qu'il faut savoir faire, y compris lorsqu'on est dans le feu de l'action, quand on est dirigeant. Elle se nourrit peut-être d'une spiritualité. Appelons cela, sans angélisme béat, une forme de charpente ou d'unité intérieure à construire.

Une croissance plus verte

Ce qui apparaît aujourd'hui comme une évidence pour la plupart d'entre nous n'était pas écrit à l'avance. Demain, la croissance sera verte, ou ne sera pas. Parce que nous devons impérativement traiter les menaces sur notre planète, et notre humanité, la croissance doit changer ; elle ne peut plus être « à tout-va », avec les excès du productivisme. Mais parce que les besoins à financer restent immenses et que l'aspiration au progrès continue heureusement d'animer les hommes, la décroissance n'est pas une solution ; ce serait même un mal douloureux pour nos sociétés.

Qui dit croissance verte dit-il aussi finance verte ? Oui, mais pas seulement. Dans la lutte pour le climat, tout ne dépend pas de la finance : des politiques publiques adaptées – dont une taxe carbone – et des stratégies d'entreprise innovantes sont irremplaçables. La proposition de la Commission européenne qui vise à renforcer le système européen du trading d'émissions par un ajustement aux frontières mérite ainsi tout notre soutien. Mais la finance verte doit nécessairement contribuer : la gestion financière des risques climatiques est passée du *nice to have* au *must have*, de l'émotion à la raison. J'ai même rarement vu un changement aussi rapide et massif des esprits, et de l'action, que sur ce sujet dans les cinq dernières années. Ce n'est pas, ou pas seulement, une cause militante ; c'est un impératif économique.

L'impact économique et financier du risque climatique se diffuse sous deux formes : des **risques physiques** induits par la multiplication d'événements météorologiques extrêmes (inondations, tempêtes, incendies, montée des eaux, etc.) et les dommages ultérieurs que les sociétés d'assurance devront par exemple couvrir et qui sont les plus immédiats et visibles (ainsi, le nombre d'événements de température extrême a plus que triplé depuis les années 1980) ; mais aussi des **risques de transition** liés aux mesures prises par les pouvoirs publics ou à l'initiative des acteurs privés pour assurer la transition vers un modèle productif à faible émission de carbone.

En pratique, les premiers effets du changement climatique sur les dynamiques de croissance économique sont déjà perceptibles dans de nombreux pays. Ce sont par exemple les incendies de forêt en Californie ou, en Europe, la sécheresse de l'été 2018 qui a porté le Rhin à un niveau historiquement bas et ralenti la croissance en Allemagne en perturbant l'acheminement des matières premières et des denrées alimentaires. Les pays émergents et les économies en développement sont généralement plus durement touchés par les risques climatiques ; ils sont également davantage confrontés aux risques environnementaux au sens large, tels que la pollution atmosphérique, la pollution et la raréfaction de l'eau, la contamination des sols, la réduction de la biodiversité ou encore la déforestation. Sur la seule année 2017, près de 5 millions de personnes dans le monde sont mortes des suites de la pollution atmosphérique[1].

De même, les coûts de la transition vers une économie à faible émission de carbone se font déjà sentir. Ainsi, dans le secteur automobile, les objectifs ambitieux de réduction d'émission de dioxyde de carbone par véhicule d'ici à 2021, fixés par l'Union européenne, pèsent sur la production automobile et accélèrent la baisse des ventes de véhicules au diesel.

À plus long terme, nul doute que des conditions climatiques extrêmes affecteront les infrastructures,

1. H. Ritchie, M. Roser, « Air pollution », Our World in Data.org, octobre 2017.

les bâtiments, la santé des salariés, la productivité et, en conséquence, les structures de production et de prix (par un manque de ressources, des pertes d'activité, une incertitude accrue, etc.). La perte de PIB mondial pourrait être d'au moins 10 % en 2100 sans inflexion des émissions de carbone[1].

Ce contexte exige l'action, et une action d'autant plus précoce que, pour l'essentiel, les bénéfices liés aux mesures correctrices n'interviendront qu'à plus long terme. En outre, le risque climatique est irréversible dans la mesure où il n'existe actuellement aucune technologie apte à y remédier. Il est en outre potentiellement systémique, dans la mesure où sa matérialisation pourrait altérer le fonctionnement de l'économie mondiale dans son ensemble. Cette dimension est accentuée par le fait qu'une catastrophe climatique peut en entraîner une autre et que les chocs peuvent être « non linéaires », comme disent les économistes, c'est-à-dire qu'ils ont des conséquences mal ou non prévisibles.

L'engagement des banques centrales : une mission conforme à notre double mandat

Aucun pays n'a ni moyen, ni même intérêt à agir seul. Tous les pays européens ont signé l'Accord de Paris

1. *Cf.* OCDE, 2015.

pour le climat en 2015. Les superviseurs et les banques centrales ne sont pas en reste. En décembre 2017, certains d'entre eux – dont plusieurs pays européens – ont créé à l'initiative de la Banque de France le Réseau des banques centrales et des superviseurs pour le verdissement du système financier (NGFS en anglais). Aujourd'hui, ce réseau compte plus de 80 membres : il travaille concrètement, et avec beaucoup d'enthousiasme, à une meilleure intégration par les banques et assurances des risques liés au changement climatique, et en faveur des financements verts. Et nous avons enregistré en décembre dernier l'adhésion de la Réserve fédérale américaine : l'élection de Joe Biden a déjà heureusement changé le rapport aux questions climatiques aux États-Unis. Nous sommes aujourd'hui représentés sur les cinq continents ; les pays dont les membres du NGFS sont issus contribuent pour 60 % aux émissions de gaz à effet de serre. Nous assurons collectivement la supervision de deux tiers des assurances, et de la totalité des banques d'importance systémique.

L'engagement des banquiers centraux et des superviseurs à l'égard du changement climatique peut sembler surprenant. Mais ce n'est pas une mode, c'est une conviction : le mandat de stabilité des prix et de stabilité financière des banques centrales leur impose et leur permet tout à la fois de prendre en compte l'impératif climatique. Cet aspect est encore plus important en Europe, car les traités confient à l'Eurosystème aussi une mission d'« apporter son soutien aux politiques économiques générales dans l'Union[1] » ; cela comprend « le développement durable de l'Europe fondé sur [...] un niveau élevé de protection et d'amélioration de la qualité de l'environnement[2] ».

Nous devons donc faire tout notre possible pour soutenir et compléter l'action des États. Il s'agit là, pour nous, en tant que superviseurs du XXIe siècle, d'un défi majeur. Il s'agit de notre « nouvelle frontière », à l'instar du financement de la croissance et des grandes infrastructures au XIXe siècle ou de la gestion des grandes crises financières au cours des cent dernières années. Et nous avons pour ce faire trois leviers : notre supervision des banques et des assurances ; le développement des financements verts, y compris dans nos propres investissements ; et enfin l'adaptation de la politique monétaire elle-même.

Intégrer les risques climatiques dans la surveillance des institutions financières

Commençons par les modes d'action envisageables pour les **superviseurs** : notre première priorité doit être la « photographie des risques », qui passe par la publication des expositions existantes dans le secteur

1. Article 127 du Traité sur le fonctionnement de l'Union européenne.
2. Article 3 du Traité sur l'Union européenne.

financier. Plusieurs superviseurs ont ouvert la voie : à côté de la Banque centrale néerlandaise (DNB) et de la Banque d'Angleterre, l'Autorité de surveillance française (ACPR) a publié en décembre 2019 son deuxième rapport sur les expositions des banques et des assureurs français aux risques liés au changement climatique. Ce rapport donne une vision plus claire des risques et des opportunités liés au climat : les actifs des sociétés financières exposés aux risques physiques restent peu importants en France ; les expositions des banques aux risques liés à la transition ont légèrement diminué entre 2015 et 2017, et représentent aujourd'hui 12 % environ des expositions totales au risque de crédit. Parallèlement, les instances de gouvernance, au plus haut niveau de décision, des établissements bancaires et des organismes d'assurance s'impliquent de manière croissante dans le pilotage des risques liés au changement climatique. Par ailleurs, nous voulons compléter cette photographie actuelle des risques par une « vidéo » plus prospective, en dynamique. L'ACPR publiera en avril 2021 les résultats d'un premier « stress-test climatique » de projection de long terme. Cet exercice pilote vise notamment à mesurer les risques, tant physiques que de transition, auxquels sont exposés les établissements, à l'horizon 2050.

Transformer nos défis en opportunités : financer la transition

L'objectif du NGFS est de renforcer le rôle du système financier non seulement dans la gestion des risques, mais aussi dans la « mobilisation des capitaux en faveur des investissements verts et à faible émission de carbone[1] ». Mais financer la transition vers une économie à faible émission de carbone est un défi tout aussi quantitatif que qualitatif.

Le défi quantitatif est lié aux investissements massifs requis. Les besoins sont si importants que le financement public ne suffira pas : à titre d'exemple, selon les estimations, les besoins mondiaux pourraient atteindre 90 000 milliards de dollars sur les quinze prochaines années uniquement pour les nouvelles infrastructures vertes[2]. Fort heureusement, le secteur privé montre déjà un intérêt croissant pour la finance verte, comme l'illustrent la forte hausse jusqu'en 2020 du marché mondial des obligations vertes, ou le succès de la première émission d'obligations souveraines vertes françaises en janvier 2017.

Cela nous amène à la question du défi qualitatif. Une « taxonomie » (catégorisation) claire et harmonisée

---

1. Déclaration commune des membres fondateurs du Réseau des superviseurs et des banques centrales pour le verdissement du système financier, One Planet Summit, 12 décembre 2017.
2. New Climate Economy, *The Sustainable Infrastructure Imperative : Financing for Better Growth and Development*, 2016.

des actifs et des secteurs verts constitue la condition préalable à un développement ordonné des marchés. À cet égard, l'adoption d'une taxonomie européenne des activités économiques durables en décembre 2019, sous l'impulsion de la Commission européenne, a été une première étape décisive. Les investisseurs, prêteurs et emprunteurs privés pourront ainsi s'engager davantage en confiance, en se protégeant contre les pratiques d'« écoblanchiment » (*green washing*). Les acteurs économiques doivent désormais s'approprier cette taxonomie pour qu'elle favorise le développement de marchés d'actifs verts liquides et profonds. Il importe donc que le marché des obligations vertes et plus largement les différents marchés d'instruments financiers verts (crédits à l'économie, titrisation, obligations sécurisées, etc.) se mettent à l'échelle des investissements immenses nécessaires à la transition.

Prêcher par l'exemple : les investissements des banques centrales elles-mêmes

Les banques centrales doivent également émettre le bon signal et donner l'exemple dans leurs politiques d'investissement et de publication de l'information. À la Banque de France, nous avons adopté, en mars 2018, une charte d'investissement responsable pour la gestion de nos fonds propres et de nos portefeuilles de retraite, afin qu'ils soient alloués à des fonds d'investissement responsables sur le plan social et environnemental. En mars 2019, nous avons été la première banque centrale à publier nos expositions aux risques liés au changement climatique. Nous travaillons à la poursuite de l'alignement de nos modalités de publication de l'information sur celles prônées par la *Task Force on Climate-related Financial Disclosures* (TCFD), en tenant compte de nos spécificités en tant que banque centrale. Nous venons de nous engager à sortir totalement du charbon d'ici 2024. La DNB néerlandaise a adhéré aux Principes pour l'investissement responsable des Nations unies. Norges Bank, qui gère le fonds souverain norvégien met en œuvre une stratégie de désinvestissement dans les secteurs du pétrole et du gaz.

Mobiliser la politique monétaire autour de deux priorités

Le dernier levier vise notre cœur de métier : verdir la politique monétaire elle-même. Le débat devient ici facilement passionnel : certains dénoncent le risque de « politisation » des banques centrales et de détournement de leur mission ; d'autres à l'inverse appellent à une refonte climatique du mandat des banques centrales. Le climat est pourtant déjà lié au cœur du mandat monétaire : la stabilité des prix. Le changement climatique a un impact direct sur celle-ci via deux postes : les produits agricoles et alimentaires, car l'augmentation de la fréquence des intempéries accroît la volatilité des prix ; l'énergie, car les difficultés d'extraction ou d'acheminement liées à des événements climatiques pourraient entraîner des ajustements de prix brutaux, de même que les mesures visant à réduire le recours aux énergies fossiles. Le changement climatique peut donc renforcer les pressions inflationnistes à moyen terme. De plus, on l'a dit, il affecte la croissance.

Cependant, les chocs climatiques sont potentiellement difficiles à gérer pour la politique monétaire, dans la mesure où il peut s'agir de chocs d'offre stagflationnistes qui provoquent à la fois des tensions à la hausse sur les prix et un ralentissement de l'activité. En outre, les chocs climatiques sont difficiles à analyser et à prévoir.

Diverses propositions sont donc avancées pour que la politique monétaire joue un rôle plus direct et fondé sur des cibles sectorielles dans le financement de la transition vers une économie faiblement émettrice en carbone. Faudrait-il ainsi mettre en œuvre un « assouplissement quantitatif vert » (*green quantitative easing*) via l'introduction d'un biais en faveur des titres verts dans le cadre des programmes d'achat, ou encore des facilités dédiées à long terme destinées à orienter l'offre de crédit vers des activités contribuant à la transition ? En dépit de leur simplicité apparente, ces propositions semblent trop partielles, par rapport à une intégration en profondeur du changement climatique dans le cadre de la politique monétaire. Si nous décidons celle-ci dans le cadre de l'actuelle « revue stratégique » de la BCE (*cf.* chapitre 2), je suis convaincu avec Christine Lagarde que nous pouvons mettre en œuvre des changements profonds en trois à cinq ans. La Banque centrale européenne sera alors clairement pionnière dans la lutte contre le changement climatique.

D'ABORD, MIEUX ANTICIPER TOUS LES EFFETS DES RISQUES CLIMATIQUES

Comme l'a illustré l'attribution du prix Nobel d'économie 2018 à William Nordhaus, économiste américain, pionnier des modèles intégrant dynamique climatique et macroéconomie, la recherche sur les interactions entre changement climatique et économie a fortement progressé au cours des deux dernières décennies. Des zones d'ombre persistent toutefois, notamment sur des questions qui intéressent directement les banques centrales. Celles-ci doivent donc contribuer à l'effort de recherche collectif, en privilégiant notamment deux domaines.

Un premier sujet concerne l'évaluation de l'impact économique du risque physique. Une littérature empirique conséquente, pour partie centrée sur la situation des États-Unis, tente déjà d'évaluer l'effet de catastrophes climatiques ou de vagues de chaleur sur la productivité du travail, l'activité ou la survie des entreprises. Ces efforts doivent être poursuivis, affinés et actualisés, pour d'autres pays. Les résultats de ces évaluations *ex post* pourront en effet informer les scénarios de risques physiques en extrapolant les tendances fournies par exemple par les scénarios du GIEC.

Un deuxième chantier consiste à mieux comprendre comment la politique monétaire doit être conduite en présence de mesures de politique économique visant à réduire les émissions de carbone, qu'il s'agisse de subventions ou de taxes, et comment et à quel point elle pourrait être contrainte par une insuffisante maîtrise à long terme du changement climatique. Les modèles macroéconomiques usuels des banques centrales, conçus pour l'analyse des évolutions à court/moyen terme, devront être fortement enrichis à cette fin.

ENSUITE, MIEUX ÉVALUER LE COLLATÉRAL

Faut-il modifier les règles déterminant le périmètre des actifs éligibles comme garantie des financements de politique monétaire (le collatéral) pour prendre en compte systématiquement le risque climatique ? On peut par exemple penser à des décotes accrues pour les actifs présentant un plus grand risque climatique en statique (niveau actuel du risque) ou en dynamique (évolution de ce risque) : les banques centrales appliqueraient ainsi à leurs propres garanties l'analyse de risque qu'elles demandent aux banques et assurances qu'elles supervisent.

Cela exige cependant de développer progressivement une méthodologie robuste pour mieux évaluer de façon fine le lien entre l'empreinte du changement climatique et le risque de crédit des actifs éligibles. Celui-ci reflète jusqu'à présent avant tout, et trop exclusivement, le profil financier des émetteurs ou des débiteurs correspondants (entreprises ou administrations), dont certaines activités peuvent être fortement carbonées et d'autres faiblement carbonées.

*
**

Albert Camus disait en 1957 lors de son discours de réception du prix Nobel : « Chaque génération, sans doute, se croit vouée à refaire le monde. La mienne sait pourtant qu'elle ne le refera pas. Mais sa tâche est peut-être plus grande. Elle consiste à empêcher que le monde se défasse. » Ma génération, née peu après, n'a pas plus refait le monde ; elle a un peu fait l'Europe. Et sa tâche est maintenant de passer le témoin à des générations suivantes plus exigeantes. Sans autoflagellation, et sans aveuglement : les défis du nouveau modèle sont immenses. Mais avec une conviction : nous, Européens, si nous croyons assez en nous-mêmes, sommes parmi les mieux placés pour les relever.

Conclusion

Je termine ce livre en janvier 2021 dans un monde encore d'incertitudes et de peurs : le virus et ses variants circulent toujours activement ; nous attendrons plusieurs mois un effet suffisant des vaccins. L'arrivée de Joe Biden est un soulagement ; mais même en dépassant le comportement irresponsable de son prédécesseur, elle ne réglera pas les foyers d'embrasement allumés du Liban à l'Amérique du Sud, ni à elle seule les tensions commerciales. L'économie, en France comme ailleurs, reste entre chien et loup, avec nombre de secteurs revenus à la normale mais d'autres en rupture persistante… et globalement un chômage trop élevé et une inflation anormalement basse. L'Eurosystème le mesure chaque mois.

Parler de confiance, et de retrouver confiance en l'économie, peut dès lors sonner comme une provocation. Nous en voyons certes tous la nécessité, mais beaucoup ne croient plus à sa possibilité. Nous manquons de croissance, mais nous manquons plus encore de confiance, singulièrement nous Français. Confiance en nous-mêmes, et envers les autres, qu'ils soient nos compatriotes ou nos partenaires européens et mondiaux.

Le défi est indéniable. La confiance ne se chiffre pas ; elle se décrète moins encore. Mais elle se crée, peu à peu. Des institutions comme la Banque de France, ancrées par leur histoire et leur mandat, y contribuent dans leur champ de compétence : en l'espèce la monnaie et le crédit. Mais la confiance dépend aussi de nous tous, à commencer par ceux qui ont des responsabilités de direction : la confiance que nous inspirons, celle que nous diffusons. Sans nier aucun des problèmes – au contraire, dire la vérité est un prérequis absolu ; mais en évoquant aussi les solutions, avec leurs difficultés, leurs espoirs et leurs choix. J'ai essayé de le faire dans chacun des chapitres qui précèdent. J'ajoute ici une petite illustration vécue : on m'a parfois dit, au sortir d'interviews radio au printemps 2020 où j'annonçais les très mauvais chiffres d'activité (– 30 % à l'époque), que j'étais « rassurant ». À vrai dire, ce terme m'a inquiété : avais-je manqué à la vérité ? Je crois que non, mais j'avais dépassé le seul registre de l'émotionnel et du sensationnel pour tenter de donner des repères, de l'ordre de la raison et de la reconstruction à viser.

Plus et mieux encore, les entrepreneurs se caractérisent par cette vertu même de ne jamais cesser de se projeter dans l'avenir, d'imaginer, d'y croire. Et ce sont pourtant les plus grands des réalistes. Nous, Français, pouvons soigner un peu notre confiance : ce n'est pas de la méthode Coué, c'est en partie affaire de volonté. Ce surcroît de confiance serait le meilleur des plans de relance. Et soyons rassurés : nous avons une solide marge de sécurité avant de basculer dans les écueils inverses que seraient l'ignorance des difficultés ou l'excès de fierté.

Ce vœu est le fruit de ce livre, de ces six piliers de la confiance économique. Et à travers eux d'une conviction née de mon expérience de responsable public : oui, on peut encore agir et avancer dans la France d'aujourd'hui. On le peut aussi en Europe, qui est notre meilleure chance dans ce monde brutal : sans l'Europe, notre souveraineté serait définitivement perdue. Mais on peut agir à trois conditions qui sont autant d'engagements personnels en « fil rouge » de ce livre.

Tout passe d'abord par le jeu collectif, au-delà de l'individualisme ambiant : je dois l'essentiel de ces réflexions et de mon action à la communauté de travail qu'est la Banque de France, à la diversité de ses compétences et des vues de chacun. Jeu collectif au-delà aussi des nationalismes en vogue : j'aime viscéralement mon pays, je connais les lourdeurs de l'Europe, et je ne suis pas un thuriféraire de la mondialisation sans règles ; mais tous les sujets traités ici mêlent nécessairement le clavier national et le clavier européen voire mondial. Les Allemands ont une jolie expression, difficilement traduisible : le « *wir Gefühl* », le « sentiment d'être nous », ce « nous » de la cohésion si préférable au « eux » qui sépare trop vite aujourd'hui.

Nous avons ensemble, nous Français, nous Européens, nous humains, plus de bien commun à produire que jamais, plus d'intérêt général à partager. Tous les « chacun pour soi » du monde, si en vogue, ne feront à l'évidence qu'empirer le risque climatique ou les inégalités. Mais pour les dépasser, il faut une exigence de méthode : le vrai dialogue est exigeant et n'a rien du consensus mou. C'est cela aussi la leçon de la construction européenne et de l'alliance franco-allemande : nous ne sommes pas d'accord sur tout – tant s'en faut –, mais sur les sujets essentiels nous nous engageons à trouver une solution ensemble. Un dialogue avec obligation de résultat, c'est moins confortable mais infiniment plus efficace que l'invective à la mode, qui bloque dans des postures, ou que des palabres sans fin.

Ensuite, rien ne se fait sans la durée et la ténacité. Churchill est réputé avoir dit au milieu des drames de la guerre, avec humour : « Si vous traversez l'enfer, continuez d'avancer. » Même apocryphe, la citation a retrouvé vie dans la pandémie de 2020. Certes la vertu de la persévérance se porte mal de l'impatience des temps présents. Mais je goûte ma chance d'avoir un mandat assez long pour pouvoir « tenir » les messages qu'on a lus ici sans avoir à zapper chaque semaine, et pour transformer dans l'action tenace plutôt que de multiplier les effets d'annonce éphémères. L'ultra-court-termisme est à l'inverse le drame de notre scène publique et médiatique, une addiction à l'« actu » que chacun déplore mais dont nul ne sait se libérer.

Enfin, et surtout, les débats techniques – indispensables – ne valent qu'au service d'une vision humaine. Notre époque redécouvre ces mots comme autant de paradis perdus : valeurs, sens, humanisme, raison d'être, spiritualités… Quelquefois, je rêve qu'on en parle moins, et qu'on en vive plus. Mais assurément, le *pourquoi* et le *pour qui* doivent toujours venir avant le *comment*. « Accroche ta charrue à une étoile » : ce proverbe paysan, venu paraît-il d'Europe centrale, le dit bien. C'est sans doute faute de ces boussoles et de ces caps partagés que nous nous retrouvons un peu perdus à mi-chemin des transformations nécessaires. Là aussi, il n'y a aucune fatalité. J'avais dit il y a quelques années dans un livre plus personnel mon espérance d'un Européen. Je la renouvelle, appuyé cette fois sur l'expérience collective d'une grande institution.

Remerciements

Ce livre n'aurait pas existé sans l'éditrice hors pair qu'est Odile Jacob. C'est elle qui me l'a proposé et qui a accompagné son élaboration. Son énergie et sa fidélité forcent l'admiration, et sont très précieuses pour le débat d'idées dans notre pays.

À la Banque de France, je ne peux citer tous ceux et celles dont les analyses, les chiffres, les questions et les explications ont si bien nourri ces chapitres en amont. Ils me donnent chaque jour des leçons de compétence et de modestie. Qu'ils en soient chaleureusement remerciés. Certains d'entre eux ont de plus pris le temps de relire une partie de ces pages. J'ai une reconnaissance particulière pour Chahinez Benmissi et Bérengère Rudelle qui, après Marine Dujardin pour les discours des premières années, m'ont aidé dans la réalisation : leur équipe a une fois de plus fait merveille. Logiquement, les droits d'auteur de ce livre reviendront au Centre d'adaptation et de réinsertion par le travail (CART) créé et soutenu par la Banque de France depuis 1977.

Le virus fait hélas que ces derniers mois je rencontre moins physiquement mes collègues européens et internationaux, les économistes et leurs discussions, les élus, les journalistes ou les entrepreneurs. Mais le débat permanent, y compris à distance, la recherche ensemble des bonnes réponses à des interrogations partagées restent une des grandes joies de mon métier. Ce livre leur doit beaucoup, et est aussi une façon de prolonger nos échanges.

Ma femme et ma famille sont le soutien sans qui rien ne serait : ils le savent déjà… mais je dois à la justice de le leur redire en rendant grâce.

Je serais heureux si certains lecteurs souhaitaient poursuivre cette discussion. Ils peuvent notamment m'écrire à sec.gouverneur@banque-france.fr.

Table

DU MÊME AUTEUR
CHEZ ODILE JACOB

L'Espérance d'un Européen, 2014.

Cet ouvrage a été composé
en Adobe Garamond Pro et Whitney
par Nord Compo
à Villeneuve-d'Ascq (Nord).

CET OUVRAGE
A ÉTÉ ACHEVÉ D'IMPRIMER
SUR ROTO-PAGE
PAR L'IMPRIMERIE FLOCH À MAYENNE
EN FÉVRIER 2021

N° d'édition : 7381-5383-X – N° d'impression : 97085
Dépôt légal : février 2021

Imprimé en France